辽宁省社会科学规划基金项目"个人金融数据处理场景风险规则模式研究"（L21BFX014）

金融机构个人数据处理法律规制研究

郑 岩 著

群众出版社

·北京·

图书在版编目（CIP）数据

金融机构个人数据处理法律规制研究／郑岩著．—北京：群众出版社，
2024.5

ISBN 978-7-5014-6374-9

Ⅰ.①金…　Ⅱ.①郑…　Ⅲ.①数据保护—科学技术管理法规—研究—
中国　Ⅳ.①D922.174

中国国家版本馆 CIP 数据核字（2024）第 094322 号

金融机构个人数据处理法律规制研究

郑 岩 著

责任编辑：施楠

责任印制：王晓博

出版发行：群众出版社

地　　址：北京市丰台区方庄芳星园三区 15 号楼

邮政编码：100078

经　　销：新华书店

印　　刷：北京市科星印刷有限责任公司

版　　次：2024 年 5 月第 1 版

印　　次：2024 年 5 月第 1 次

印　　张：13

开　　本：787 毫米×1092 毫米　1/16

字　　数：193 千字

书　　号：ISBN 978-7-5014-6374-9

定　　价：54.00 元

网　　址：www.qzcbs.com

电子邮箱：qzcbs@sohu.com

营销中心电话：010-83903991

读者服务部电话（门市）：010-83903257

警官读者俱乐部电话（网购、邮购）：010-83901775

教材分社电话：010-83903084

前　言

互联网、云计算、区块链、物联网、人工智能已渗透到社会生活和经济生活的方方面面，世界已进入"数字经济时代"。在此背景下，金融业也正加速迈入互联、共享的数字化时代，金融生态发生了翻天覆地的变化。金融机构的个人数据成为数字金融时代金融业数量最为庞大的基础生产资料，传统依赖货币融通的金融业开始转型为依靠数据的信用融通。以海量的、多维度的个人数据为基础，金融机构能够准确分析客户的消费习惯、行为习惯、浏览习惯、购物习惯、信用状况等，从而为各种营销服务和风控模型成熟奠定基础。因此，金融机构个人数据的有序流动，是实现金融机构数字化转型、控制金融风险的关键。但是，随着金融机构个人数据价值的提升，因数据衍生的风险也与日俱增，传统个人数据保护理论以及金融机构个人数据保护的法律体系都受到了极大的挑战。为此，规范金融机构个人数据处理行为，构建金融机构个人数据流动秩序，是数字金融时代金融市场法治化的迫切需求。

金融机构个人数据是个人数据在金融领域的延伸，对其进行特殊规制必要性极大。一方面，个人数据处理的合理性判断与场景密切有关，脱离场景抽象出来的个人数据处理法律规范原则性强，可操作性差。金融机构个人数据处理的法律规制应将一般个人数据保护理论与金融场景相结合，统合一般规则和特别规则，提高法律规制的精准性。另一方面，从金融机构个人数据生产要素角度看，个人数据在重塑金融市场的同时，对金融秩序和金融法治也带来了冲击。金融机构个人数据的流动秩序会直接影响金

— 1 —

融市场秩序甚至整个金融体系，因此，规制金融机构个人数据流通秩序是金融法的重要组成部分。

随着金融机构个人数据价值的提升和信息技术的演进与发展，金融机构个人数据处理的风险也呈现多样性，包括金融消费者层面的权益侵害风险、金融机构层面的数据合规风险、金融系统层面的数据安全风险。个人数据处理风险背后的生成逻辑主要是金融机构个人数据上的多元利益格局，利益主体间的力量不均衡，以及金融数据处理自身的瞬时性、隐蔽性和系统性。我国传统的个人数据赋权保护模式在应对金融机构个人数据处理风险时，在规范逻辑、制度功能、规制效果等方面都存在局限性。金融机构个人数据处理风险已超出私人风险的范畴，演变成公共风险，因此应采用场景风险规制模式，以政府监管为主导，将场景理论与规制理论相结合，对金融机构个人数据处理实现场景化、类型化、差异化的规制。场景风险规制模式的总体思路是以维护金融数据流通秩序为首要目标，以多重利益平衡为价值取向，以风险多元治理为核心。具体的路径设计从数据类型、数据处理行为规范、数据治理法律制度三个维度入手。

首先，金融机构个人数据类型化构建是实现差异化规制的基础。明确金融机构个人数据的"识别性"法律标准和"匿名化"法律标准，为金融机构个人数据划定合理的边界。从静态和动态两个维度对金融机构个人数据进行类型化构建：静态维度的类型化，以个人数据的敏感度和识别度为标准划分风险等级；动态维度的类型化，以个人数据流转的不同阶段，进行数据权益的划分，为金融机构个人数据处理中的风险控制和权益分配提供参照标准。

其次，基于场景的金融机构个人数据处理行为法律规制，建构有序的金融机构个人数据流转规范。结合金融场景的特殊性，在一般个人数据处理原则的基础上提出金融机构个人数据处理的基本原则。然后针对具体的个人数据处理场景，分别对金融机构个人数据不同的处理行为，如收集行为、共享行为、跨境传输行为进行法律规制。

最后，构建金融机构个人数据治理法律制度，为金融机构个人数据处理法律规制提供制度保障。对于金融机构个人数据应实现从监管到治理的理念转变。在外部，通过建立多元主体参与的协同式监管体系，打造科技驱动型监管模式，加强金融基础设施建设，采取审慎包容性的规制措施等治理机制，对金融机构个人数据治理实现约束、监督和促进的作用。在内部，采取金融数据保护官制度，对金融机构数据进行全生命周期管理，引入"通过设计保护隐私"的理念，依托合规科技实现个人数据处理全流程控制等措施，培育金融机构保护个人数据的内在动力，进行自我规制。通过外部治理机制与内部治理机制的有机融合，更好地实现金融机构个人数据治理的多元目标，在保护金融消费者数据权益的基础上，更大程度地释放个人数据价值。

郑岩

2024 年 2 月

目　录

第1章　绪　论／1

    1.1　研究背景／1

    1.2　研究目标与意义／4

    1.3　研究方法／6

    1.4　文献综述／7

    1.5　研究逻辑思路／15

    1.6　研究难点与创新／16

第2章　金融机构个人数据处理的概念界定及规制基础／18

    2.1　金融机构个人数据的概念界定／18

    2.2　金融机构个人数据处理的内涵分析／30

    2.3　金融机构个人数据处理特殊规制的法理分析／35

第3章　金融机构个人数据处理的风险及法律规制模式／47

    3.1　金融机构个人数据处理中的风险类型／48

    3.2　金融机构个人数据处理风险的生成逻辑／54

    3.3　金融机构个人数据处理风险的法律规制模式／64

第4章　金融机构个人数据的识别标准及类型化构建／84

　　4.1　金融机构个人数据的识别标准／84

　　4.2　金融机构个人数据的类型化构建／101

第5章　基于场景的金融机构个人数据处理行为的法律规制／116

　　5.1　金融机构个人数据处理的基本原则／116

　　5.2　金融机构个人数据收集行为的法律规制／125

　　5.3　金融机构个人数据共享行为的法律规制／137

　　5.4　金融机构个人数据跨境传输行为的法律规制／158

第6章　金融机构个人数据治理法律制度的构建／169

　　6.1　金融机构个人数据处理法律规制理念的重塑／169

　　6.2　金融机构个人数据的外部治理机制／173

　　6.3　金融机构个人数据的内部治理机制／179

结　语／185

参考文献／187

第1章
绪　论

1.1 研究背景

互联网、云计算、区块链、物联网、人工智能已渗透到社会生活和经济生活的方方面面，世界已进入"数字经济时代"。数据被称为21世纪的"石油"，是数字经济时代最为重要的战略资源。2017年习近平总书记强调："要构建以数据为关键要素的数字经济"，2020年中共中央、国务院明确将数据与土地、劳动力、资本、技术并列为生产要素，要求"加快培育数据要素市场"。在整个经济体系中，现代金融业是信息密集型产业，金融市场是数据最为密级、增速最快的领域。

近年来，随着信息技术的发展，金融业正在向移动化、数据化、智能化的数字金融时代迈进。数字金融时代，"数据"才是关键，如果说"金融是实体经济的血液，数据就是金融的血液"。金融机构的个人数据就是数字金融时代金融业数量最为庞大的基础生产资料，传统依赖货币融通的金融业开始转型为依靠数据的信用融通，金融机构积累的个人数据的规模也急剧增大。从数据的收集到数据的利用、加工，客户的消费习惯、行为习惯、浏览习惯、购物习惯、信用记录被精确画像，从而为各种营销服务和风控模型成熟奠定基础。由此，个人数据成为数字金融时代驱动金融业发展的新的关键生产要素。

数据的时效性强、数量大，但是价值密度低，单个数据或者数据孤岛并不能产生社会价值，数据价值的挖掘以数据的流动为前提，只有数据流动起来，融合与共享形成海量的数据集合，才能通过技术手段分析与利用并发挥其最大价值。随着个人数据价值的提升和信息技术的演进与发展，数据的流动在创造价值的同时，因数据衍生的风险也与日俱增。金融领域个人数据具有特殊性，与一般个人数据相比，它与个人的财务、资产、信用等状况高度相关，一旦被泄露或者滥用等，不仅会侵害个人隐私，还可能对数据主体的财产安全造成很大威胁，甚至对金融机构的信息安全和社会乃至国家的安定带来巨大的挑战。关于金融机构个人数据的安全与使用问题，媒体频频爆出各种负面信息，2020 年 5 月某银行泄露艺人的银行流水事件被炒得沸沸扬扬，引发了全社会对金融机构泄露个人数据的担忧。据调查，此银行已经不是第一次出现此类信息泄露事件，有媒体直言，脱口秀艺人信息泄露事件只是商业银行信息泄露情况的冰山一角。①

大数据时代，金融业发展的基础是各类数据和信息的整合利用。从全球金融行业的发展看，金融数据的开放与共享已是大势所趋，早在 2016 年英国政府的竞争和市场委员会（Competition and Markets Authority，CMA）就开展了 Open Banking 计划，2017 年美国消费者保护局（Consumer Financial Protection Bureau，CFPB）也发布了金融数据共享的 9 条指导意见，随后，澳大利亚、日本、新加坡、韩国等金融强国也相继推出了各自的金融数据共享战略。顺应全球金融数据开放与共享趋势，我国也在积极部署金融数据共享的战略。数据的流动是实现金融数据共享的前提，个人数据是金融数据中价值最高也最为敏感的数据，个人数据保护与流动的背后是公共利益与私人利益、财产利益与人格利益的博弈与分歧。个人数据保护与流动之间天然具有张力，如何在两者之间寻求平衡，规避个人数据在处理过程中的风险，促进金融数据的融合与共享，无疑是金融数据治理中重要而关键

---

① 个人金融信息"裸奔时代"：内鬼不断、黑客攻击、"钓鱼"卖料［EB/OL］. 新浪财经，https：//baijiahao. baidu. com/s？id = 1667197703963796077&wfr = spider&for = pc/2020-07-13.

的一环。

但是，作为生产要素的金融机构个人数据彻底改变了金融生态，金融机构个人数据处理对金融市场的影响也从最初的技术应用发展到制度变革的升级，现行法律制度呈现明显的滞后性。具体表现为：第一，金融机构个人数据界定模糊，采用"一刀切"的统一规制。随着信息技术的发展，越来越多的数据能够识别到个人，金融机构个人数据呈泛化趋势，缺乏明确的法律标准，而且对于所有的个人数据不加区分地统一规制，无法实现规制目的。第二，规制维度单一，重保密轻利用，重安全轻合规。我国金融业历来重视个人数据保密，但是单一的保密维度与金融数据共享和开放的发展趋势相悖，应注重金融机构个人数据收集、保存、分析等数据处理行为的规范化，尊重个人选择权，促进数据的共享。第三，传统金融监管模式的局限性。如没有专门的金融数据监管机构，多个监管部门之间存在监管交叉和监管真空，没有形成监管合力，效率低下；技术发展加剧了监管部门与金融机构之间的信息不对称，数据技术和算法更多地掌握在金融机构手中，数据流转的瞬时性和技术性，导致监管者无法及时识别金融机构个人数据处理风险等。由此可见，顺应数据时代的发展，金融数据处理法律制度也亟须转型升级。

近年来，个人数据问题已经成为各领域的关注热点，金融领域个人数据处理与其他领域个人数据处理有共性，也有其特性。金融机构个人数据应用的场景较为复杂，规制的重点也有所不同，如与公权力部门相比，金融机构个人数据的采集需要有完善的"知情同意"机制；与私主体相比，金融机构对反洗钱部门、税务部门有更多的信息披露义务。金融机构个人数据，较之一般的个人数据，具有高度的精准识别性和公共性的特点，决定了其处理风险的高发性和结果的严重性，不但会直接侵害数据主体的合法权益，也会影响金融业机构的正常运营，甚至可能带来系统性金融风险。而且，金融服务自身具有极强的专业性和特殊性，只有将一般个人数据的处理原则与金融领域的具体实践相结合，才能设计出更为完善、更为合理、更具可操作性、立法理念更具先进性的金融机构个人数据处理的法律规则。目前，全球很多国家对金融领域的个人数据处理都实行特殊的规制。美国对个人数据的保护是典型的分行业立法，采用的是自由式市场+强监管的模式，金融机构的个人数据主要由《公平信息报告法》及《金融服务现代化法案》制定法层面的规范，再辅之以判例和自律管理。欧盟采用统一立法+强监管的模式，金融、教育、劳动、通信等所有公私领域的个人数据保护均由一部综合性立法加以全面规范，即便如此，鉴于金融数据的特殊性，欧盟针对金融数据也有专门的行业立法。

随着社会信息化和网络化的发展，金融信息安全要求必须强化金融基础设施建设，对金融机构个人数据处理进行法律规制是金融基础设施法制建设的关键环节。虽然我国立法已经对金融机构个人数据处理行为有了初步的规范，但是基于数字金融时代引发的新问题、新风险，无论是立法步伐还是制度架构相对于时代发展都略显滞后。

1.2 研究目标与意义

本书旨在探讨金融机构个人数据处理的法律规制问题。从分析金融机构个人数据处理风险类型及生成逻辑入手，采用场景风险规制模式，明确金融机构个人数据的识别标准及类型化，并结合具体的场景，对金融机构个人数据处理行为进行差异化的法律规制，构建金融机构个人数据治理法律制度。目的是通过规范我国金融机构个人数据处理行为，在保护金融消费者信息权益的基础上，建立良好的金融数据流通秩序，促进金融数据的融合与共享。

1.2.1 研究目标

第一，结合数字金融时代的特点，梳理金融机构个人数据处理的风险类型，分析金融机构个人数据处理风险的生成逻辑。提出金融机构个人数据处理的场景风险规制模式，明确以金融数据流通秩序为首要目标，以多重利益平衡为价值取向，以风险多元治理为核心的法律规制路径的设计思路。

第二，明确金融机构个人数据识别的法律标准，防止个人数据泛化。

结合金融行业的特点，对金融机构个人数据进行类型化构建，改变传统"一刀切"的统一规制模式，为不同类型金融机构个人数据的差异化规制提供参照标准。

第三，以"场景风险规制"理论为基础，将个人数据处理行为的一般规则与金融机构个人数据应用的具体场景相结合，以金融场景中的数据流动要素为规制对象，变数据处理前的静态合规遵循为数据使用中的动态风险控制，关注数据使用的全生命周期，实现数据处理行为的差异化规制，提高规则的可操作性，实现金融机构个人数据价值开发与数据保护的双赢。

1.2.2 研究意义

1.2.2.1 理论价值

第一，在个人数据保护理论中增加场景规制维度，推动个人数据保护理论向纵深方向发展。将个人数据保护与金融场景相结合，从个人数据权利的静态保护发展到基于场景的个人数据处理行为的动态规制，将场景作为个人数据处理合理性的判断基准，增加法律规制的适用性和可操作性。

第二，将场景理论与规制理论相结合，提出场景风险规制模式。场景理论偏重于个案分析的思路，容易造成法律规范的不确定性。场景风险规制模式将场景分为规范场景和个案场景，从规范场景的共性出发，以场景中的数据流动要素为规制对象，统合个人数据处理的一般规定和金融场景中个人数据处理的特殊规定，制定适合金融领域的个人数据处理法律规范。

第三，构建金融机构个人数据处理法律秩序。数字金融时代，金融机构个人数据成为金融业发展最为基本的生产资料，个人数据在重塑金融市场的同时，对金融秩序和金融法制也带来了冲击。本书从金融机构个人数据的类型、金融机构个人数据处理的行为规范以及金融机构个人数据治理法律制度三个方面重构金融机构个人数据处理法律秩序，在金融机构个人数据保护与利用之间寻求动态平衡，促进金融业的发展。

1.2.2.2 实践价值

数字金融时代的到来，对金融业提出了更高的技术和安全的要求，传统的金融机构个人数据法律框架将金融隐私权视为一种消极性的防御权利，其保护手段主要靠事后基于侵权法的民事诉讼救济传统，这种保护模式在大数据时代面临严峻的挑战。研究金融机构个人数据处理的法律规制问题可以实现以下实践价值：第一，改变传统的金融机构个人数据的静态保护模式，基于"行为规制"的路径，侧重于数据处理过程中合规使用的规制，贯穿数据全生命周期，让金融机构拥有更多的自主性，可以在提升金融机构个人数据保护实效性的同时大幅减轻金融机构的负担，实现金融数据开发与保护的双赢；第二，明确金融机构个人数据处理行为的法律规制，改变实践中拥有大量个人数据的金融机构不敢、不会处理个人数据的现状，促进金融机构个人数据合理、合法地融合与共享，在保护金融消费者数据权益的基础上，提高数据的应用价值。

1.3 研究方法

本书研究需要综合运用规范分析法、历史研究法、实证分析法、比较分析法等方法进行论证。

1.3.1 规范分析法

本书的规范分析即以逻辑学原理为基础，对金融机构个人数据进行合理的逻辑构造、探讨基本概念的内涵和外延以及论域的周延性。

1.3.2 历史研究法

制度的形成与发展有其独特的历史背景，本书运用历史分析法，比较分析不同国家金融机构个人数据保护的发展历程及法律规制的演进，为个人数据处理法律规制体系的构建提供坚实的基础。

1.3.3 实证分析法

法律制度必须与本国的金融发展状况、政治架构、法治传统相一致，因此研究金融机构个人数据处理行为的法律规制问题必须结合不同国家具体情况进行实证研究，为金融机构个人数据处理行为法律规制体系的构建提供实证基础。

1.3.4 比较分析法

本书的比较分析法将运用于以下几个方面：一是不同国家在金融机构个人数据保护的立法、政策等方面的比较。二是不同国家之间政治经济社会背景对金融机构个人数据价值权衡选择的比较。

1.4 文献综述

1.4.1 个人数据权属问题

大数据时代，数据技术的发展推动个人数据的价值不断提升，数据产业链中的每个数据主体都能从中获益，由此引发利益的冲突，亟须法律对数据的权益进行分配，以满足大数据时代对于个人数据利用的需求。传统的法律中，个人数据问题的研究更多的是从个人角度出发，将其归类为对隐私权或人格权进行保护，因为主要牵涉个人利益，立法倾向于对个人数据提供绝对保护。但是，大数据时代，数据作为生产要素的经济价值日益凸显，人格权保护模式限制了数据经济价值的发挥，数据权属问题被提出来，也就是个人数据上的利益该如何分配的问题。

在数据权属的研究方面，国外学者普遍关注数据产权，目的是通过构建数据产权分配制度，促进数据交易和数据产业的发展。数据产权主要是关于数据的占有、使用、收益和处分的权益分配问题。Loshin（2001）[①] 认为，数据所有权意味着数据主体对于数据的拥有和控制，以及承担的责

---

① Loshin D. Enterprise Knowledge Management：The Data Quality Approach. Isbn，2001，31（3）：123-143.

任。对数据的控制包括数据主体有权对数据进行汇编、整理、分析、删除等，并享有因处理数据而生成的衍生利益。同时，也包括有权决定是否授权他人访问。但是，现有的法律并没有给予数据产权足够的保护，Harison (2010)① 认为，依据现有的法律，只有达到"最低创造性"的知识产权标准的数据库才能得到保护，这也造成企业投入大量的成本收集和处理数据，并不受到法律的保护。这种情况下数据无法作为资产进行交易。针对这一问题，有学者提出，数据所有权与物权中的所有权，两个"所有权"概念在内涵上是不同的，物权所有权强调主体对客观事物的占有，是权利与利益的统一，而数据所有权强调主体对数据的责任，是权利与责任的统一。Scofield (1998)② 认为使用数据"管理权"这一概念替换"数据所有权"，管理权意味着责任。Chisholm (2011)③ 认为数据所有权概念是非专业术语，具有误导性的嫌疑，数据所有权起到的是类比的作用，主要是解决数据处理中的责任义务分配问题。由此可见，关于数据权属问题，国外也没有形成较为成熟的理论，但是可以借鉴数据权益分配方面的研究成果。

国内学者鲜少研究数据产权问题，主要关注数据权利的属性和数据权利体系的构建等问题。有的学者主张把数据产权纳入知识产权范畴，因为数据具有的创造性、无形性等特征与知识产权客体特征相符。对于无法纳入现有知识产权体系的，应构建衍生数据的新型知识产权。也有学者主张将数据纳入财产权的保护范畴，对于具有独创性的数据可以适用现有著作权法对汇编作品的规定，对于无独创性的数据信息则适用反不正当竞争法对商业秘密的规定。④ 针对上述观点，也有学者提出不同意见，梅夏英 (2019)⑤

---

① Harison E. Who Owns Enterprise Information? Data Ownership Rights in Europe and the U. S. Information & Management，2010，47 (2)：102-108.

② Beer J D. Ownership of Open Data：Governance Options for Agriculture and Nutri-tion. Social Science Electronic Publishing，2016.

③ 转引自贺玉奇. 中国外交战略新因素：数据主权. 硕士学位论文，外交学院，2015.

④ 穆勇，王薇，赵莹，邵熠星. 我国数据资源资产化管理现状、问题及对策研究. 电子政务，2017 (2)：66-74.

⑤ 梅夏英. 在分享和控制之间数据保护的私法局限和公共秩序构建. 中外法学，2019，31 (4)：850-851.

认为"通过著作权对数据流通中的形态变化进行保护并非一种行之有效的常规方式"。目前，比较有影响力的观点是构建数据财产权体系，龙卫球（2017）[①]，叶明、王岩（2019）[②]，刘新宇（2019）[③] 认为应该在区分个人信息和数据资产的基础上，进行两个阶段的权利建构：首先对于用户，应在个人信息层面，同时配置人格权益和财产权益；其次对于数据经营者（企业），基于数据经营和利益驱动的机制需求，应分别配置数据经营权和数据资产权。

小结：个人数据权属问题复杂，理论上还没有统一的定论。随着技术的发展，学者们逐渐意识到数据具有可复制性和非排他性的特点，在个人数据上明确划分权属进而界定权利边界的研究路径越来越不具有可行性。个人数据保护并不仅仅保护个人数据利益，而是保护个人数据上所有利益主体的利益，是保护个人数据能够合理正当地使用，跳出权利思维的桎梏，采用行为规制路径，平衡个人数据上的多元利益，更有利于在保护与利用中寻求平衡。

1.4.2　金融隐私权保护问题

针对大数据、云计算、互联网等新兴科技，全球范围内各个国家纷纷出台个人数据保护法，其中欧盟 2016 年通过的《一般数据保护条例》（General Data Protection Regulation，GDPR）最具代表性。GDPR 通过从数据主体的数据权利出发，强化其对个人数据的控制，实现对个人数据的保护。美国政府在 2014 年提出大数据发展应继续坚持隐私保护原则，强化而非削弱个人隐私保护力度，2018 年颁布的《加利福尼亚州消费者隐私保护法案》（California Consumer Protection Act，CCPA）进一步加强了对消费者数据隐私的保护。随着《民法典》明确将个人信息列入人格权编，《个人

---

① 龙卫球. 数据新型财产权构建及其体系研究. 政法论坛，2017，35（4）：63-77.

② 叶明，王岩. 人工智能时代数据孤岛破解法律制度研究. 大连理工大学学报（社会科学版），2019，40（5）：69-77.

③ 刘新宇. 大数据时代数据权属分析及其体系构建. 上海大学学报（社会科学版），2019，36（6）：13-25.

信息保护法》出台，学术界对个人信息权、个人数据权的讨论甚嚣尘上。在金融领域，学者们也提出了金融隐私权和金融信息权保护的问题。

1.4.2.1 金融隐私权

美国是金融隐私权保护法制最为典型的国家，建立了以《金融服务现代化法案》为核心的金融隐私权保护法律体系，强调实用性，但在规制执行中更倾向于金融业整体利益，从而招致诸多批评。Rep. John Dingell（2000）认为，美国政府为了金融业的稳定而对金融机构作出过多让步，仅仅强调非关联机构的信息控制，而关联机构间的金融信息共享却过于自由，由此损害了金融消费者的隐私利益。Christopher（2004）指出，美国政府为了选退（opt-out）的立法模式将主动权给予银行，而将通知义务分配给消费者，对处于弱势的消费者而言十分不利。随着大数据技术的兴起，美国传统金融隐私权保护体系的脆弱性更加明显地暴露出来，目前尚无积极有效的应对措施。Nir Kshetri（2014）指出，大数据很有可能造成第三方滥用金融信息并由此侵害消费者隐私和财产权益，但由于现行法律规定的滞后性，大数据带来的危害尚处于灰色地带，亟待相关法律完善。

我国金融隐私权肇始于金融消费者权益保障研究，郭丹①将金融隐私权纳入金融消费者权利体系，并进一步细分为金融隐私保密权、金融隐私支配利用权以及金融隐私维护权，陈文君②着眼于金融消费者隐私权的监管保护。颜苏③主张金融隐私权保护的国际合作，统一各国金融隐私权保护的规则。谈李荣④探讨了信用开放格局下金融隐私与信息披露之间的冲突与制衡。随着信息化的发展，金融隐私权受到网络化的冲击，王建文等⑤从立法、司法和监管等多个角度探讨网络背景下我国金融隐私权的法律保护模式。在司法实践中，从现有的判例看，我国法院对于银行的保密义务作扩张性解释，对于银

---

① 郭丹. 金融消费者之法律界定. 学术交流，2010（8）：54-57.
② 陈文君. 金融消费者非诉讼救济比较研究. 金融与经济，2010（3）：10-14.
③ 颜苏. 金融隐私权保护国际合作研究. 理论界，2011（2）：64-65.
④ 谈李荣. 金融隐私与信用开放的博弈. 法律出版社，2008：98-124.
⑤ 王建文，彭洋恺. 论网络背景下金融隐私权的法律保护. 西北大学学报（哲学社会科学版），2015，45（2）：97-106.

行的责任认定上适用过错推定原则，以最大限度保护金融消费者的利益。

近些年，不少学者关注金融隐私权的研究，但是大都采用简单的比较研究的方法，介绍境外的相关规定，缺乏结合本土情况的系统化研究。在我国现有的法律体系下，金融隐私权是隐私权在金融领域的延伸，在保护金融机构个人数据方面，涵盖的范围过于狭小，无法满足数字金融时代对个人数据法律规制的需求。

1.4.2.2 金融信息权

大数据时代，个人信息的价值日益凸显，对个人信息的侵害已经超越了隐私权保护所能涵盖的范围。学界开始探讨个人信息权问题，张新宝[①]认为个人信息中的一部分属于隐私，如个人信息中涉及私生活的敏感信息属于隐私，而高度公开的个人信息不属于隐私。王利明[②]认为个人信息的范围大于隐私信息的范围，两者之间存在一定的重合，应将个人信息权单独规定，不能置于隐私权之下。学界依然存在个人信息是权利还是权益的争论。

金融信息权是个人信息权在金融领域的延伸，金融领域掌握海量的消费者的信息，对消费者信息的深度加工和二次利用为金融机构带来巨大的经济利益，但是，这种"精确预测"并非出自金融消费者自愿，甚至是在其完全不知情的情况下，给金融隐私权造成极大的冲击。张继红[③]认为注重私密性和隐瞒性的金融隐私权已无法满足这个时代人们对个人金融信息保护和利用的诉求，金融信息权理论应运而生，但是，金融信息权缺乏上位概念的支持，需要在民法框架下确立个人信息权的基础性保护制度，通过强化金融机构的信息保护义务，采取结果导向型保护路径，设立专门的保护机构等措施加以优化和完善。周坤琳[④]从维权的视角，比较金融信息

---

① 张新宝. 从隐私到个人信息：利益再衡量的理论与制度安排. 中国法学, 2015 (3)：38-39.

② 王利明. 论个人信息权在人格权法中的地位. 苏州大学学报（哲学社会科学版），2012, 33 (6)：72-73.

③ 张继红. 论我国金融消费者信息权保护的立法完善——基于大数据时代金融信息流动的负面风险分析. 法学论坛, 2016, 31 (6)：93-94.

④ 周坤琳. 金融信息权与金融隐私权差异性研究——基于维权利弊之视角. 金融经济, 2019 (16)：83-85.

权和金融隐私权，认为金融信息权与金融隐私权各自的概念及权能不同，在信息侵权手段匿名化、复杂化的形势下，金融信息权能更好发挥对信息主体的权利保障功能。邵朱励①从民法视角探讨个人金融信息权的具体内容，保护模式及权利边界，以及金融机构侵犯个人信息权的责任承担问题。

小结：无论是金融隐私权还是金融信息权，都是从个人赋权的角度出发保护金融机构个人数据。通过数据主体赋权的方法实现个人数据的保护，也是世界各地通行的做法，以欧盟《一般数据保护条例》（GDPR）最为典型。但是，从我国的现实情况出发，我国个人数据权的研究还不完善，很多基础理论还存在争议，《民法典》也只是把个人信息规定在民事权利一章，肯定个人信息是一种受保护的"民事权益"，而没有规定为"个人信息权"。《个人信息保护法》也规定"任何组织、个人不得侵害自然人的个人信息权益"。是"权益"而不是"个人信息权"，其秉持的观点与《民法典》相同。在此基础上探讨的金融信息权，缺乏理论根基，难以深入。

1.4.3 金融机构的个人数据保护问题

美国白宫一系列报告表明，信息保护不仅是消费者的一项权利，更是企业所履行的义务，信息控制者必须保证信息利用的合目的性，且不能对用户造成任何不利影响。② 欧盟个人数据保护立法框架也反复提及，应该对信息控制者施以更严格的责任。③ 具体到金融领域，即加重金融机构的信息保护义务，金融机构对金融消费者信息数据的利用必须严格限定在欲实现目的之必要性的范围。目前，对金融机构数据保护方面的研究较为零散，不成系统，理论深度不够，仅停留在规范层面的探讨。

1.4.3.1 金融机构数据保护义务的理论基础

金融机构个人数据的法律关系问题。金融机构个人数据来自金融消费

---

① 邵朱励. 个人金融信息权的民法保护研究. 博士学位论文，安徽大学，2016.

② Cassel C K, Saunders R S. President's Council of Advisors on Science and Technology. Jama Journal of the American Medical Association, 2014, 312（8）：787-800.

③ Zalnieriute M. Mario Viola de Azevedo Cunha, Market Integration Through Data Protection：An Analysis of the Insurance and Financial Industries in the EU. Published in International Data Privacy Law. International Data Privacy Law, 2013, 3（3）：215-216.

者，金融机构是个人数据的实际控制者。有的学者认为是所有权的转移，这个观点已经被否定，如果定义为所有权的转移，那么金融消费者对其个人数据不再享有任何权利，这明显与现有的法律规定相悖。也有观点认为是"保管"关系①，但是，在保管关系中，保管人只是占有并不享有收益，而且负有返还的义务，这与金融机构使用个人数据的实际情况不符。张继红②提出是准"委托—代理"关系，即信息的部分权能被委托给金融机构予以行使，信息的利用价值被开发，使金融机构不仅保管信息还能对信息进行分析和加工。但是，金融机构作为数据的代理人，按照委托代理的关系，数据的收益应该归委托人，实际上个人数据的收益归金融机构所有，这个矛盾点还需要进一步解释。张可法③认为金融机构与消费者之间建立的交易关系（提供金融产品和服务）实质为合同关系，金融机构的保密义务是合同中的附随义务。但是，这种合同关系也有无法解释的问题，通过交易之后消费者应该不再享有数据控制权，实际上，只要识别到个人，金融消费者都享有一定的控制权，这与普通的合同关系有着根本的不同。

金融机构对个人数据承担保护义务的理论依据，概括起来主要有以下几种：何颖④认为，基于隐私权保护及侵权责任理论，个人因金融交易形成的个人信息属于隐私范畴，金融机构未采取必要保护措施造成个人数据的泄露或滥用构成侵权。谈李荣⑤认为金融机构与个人建立交易关系实质为合同关系。金融机构的保密义务是基于合同的默示义务。张继红⑥认为金融机构加重义务之理论基础是金融机构的社会责任。现代企业已经不再以追逐盈利最大化为目标，其已经逐渐成为支撑社会成长的主要动力，有

---

① Jerome J. Big Data：Catalyst for a Privacy Conversation. Indiana Law Review，2014（5）：48.

② 张继红．论我国金融消费者信息权保护的立法完善——基于大数据时代金融信息流动的负面风险分析．法学论坛，2016，31（6）：95.

③ 张可法．个人金融信息私法保护的困境与出路．西北民族大学学报（哲学社会科学版），2019（2）：93-94.

④ 何颖．数据共享下的金融隐私保护．东南大学学报（哲学社会科学版），2017，19（1）：86-87.

⑤ 谈李荣．金融隐私权与信用开放的博弈．法律出版社，2008：4-8.

⑥ 张继红．大数据时代金融信息的法律保护．法律出版社，2019：271-290.

义务回馈社会以维护其运作的外部环境。金融机构在满足一般企业社会责任的基础上，作为提供"准公共产品"的特殊主体，其社会责任的特殊性就源自金融机构在资金配置上的重要作用。

1.4.3.2 金融机构的个人数据保护措施

对于金融机构个人数据保护，一部分学者从问题入手侧重于保护措施的研究，这部分内容研究深度不够，内容较为零散。冉俊①认为金融机构在客户个人信息方面存在不合理收集、违规使用、擅自披露、过失泄露、非法买卖等侵害问题，应积极构建个人金融信息保护的法律保障机制，加强行政监管和行业自律等。张炜②在对国外商业银行个人客户信息保护考察的基础上，建议加强全社会个人信息安全意识；加快个人信息保护立法工作步伐；建立健全商业银行客户信息保护机制等。辜明安等③认为应注重保障金融机构享有金融数据的财产权益，激发金融机构利用个人数据进行金融创新的动力，才能实现金融机构个人数据与保护之间的良性互动。也有学者关注网上银行的客户信息安全，李晗④认为网上银行安全保障义务的核心是信息安全和交易安全，应设定最低的技术安全标准，规定网上银行对用户信息的使用规则，明确网上银行承担的责任，完善交易安全保障制度等。姜江⑤关注商业银行的个人数据治理问题，列举了银行使用个人数据中存在的刑事责任、民事责任及行政责任的法律风险，提出构建以隐私政策的运行管理为基础的法律风险管理机制，建立法律风险管理标准，完善法律风险管理体系。

小结：金融机构个人数据保护问题的研究比较表浅，研究的理论深度

---

① 冉俊．金融机构客户个人金融信息保护机制研究．征信，2012，30（5）：57-59.

② 张炜．商业银行个人客户信息保护法律问题研究．金融论坛，2013，18（4）：53-59.

③ 辜明安，王彦．大数据时代金融机构的安全保障义务与金融数据的资源配置．社会科学研究，2016（3）：76-82.

④ 李晗．大数据时代网上银行的安全保障义务研究．当代法学，2016，30（4）：118-127.

⑤ 姜江．商业银行个人信息数据法律风险管理问题研究．金融法治与国家治理现代化，2019（9）：339-348.

不够，对大数据时代金融机构个人数据保护的变化关注不够，相关建议过于宏观，缺乏可操作性。数字金融时代，个人数据已经从金融活动的附属要素变成了金融业务的核心生产要素，这一转变引发法律规制从法理基础到制度构建的全方位的改变，现有的研究明显滞后于时代的发展。

1.5 研究逻辑思路

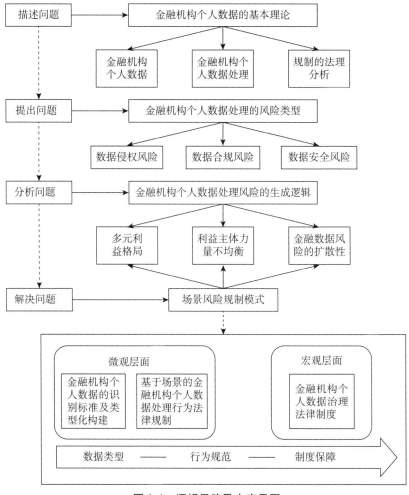

图 1.1 逻辑思路及内容导图

1.6 研究难点与创新

1.6.1 难点

第一，理论运用的难点。场景风险理论在数据规制中的应用是个较新的研究角度，强调场景化、类型化和差异化的责任分配机制，在结合金融机构个人数据应用的具体场景方面存在理论应用的难题，注意金融场景一般规制理论的提炼，统合法律规制的一般性与特殊性。

第二，个人数据保护已经成为全球性的难题，美国、欧盟等国家虽然在个人数据研究方面取得一定的成果，但是，信息技术的不断迭代，个人数据面临的风险不断翻新，各国的个人数据保护制度也在摸索中不断调整，没有一个成熟的数据保护制度可供借鉴。我国个人数据保护研究的起步较晚，金融领域个人数据保护问题更是缺少专题性、系统性的研究，因此，在比较研究的基础上，构建本土化的金融机构个人数据法律规制制度存在一定的难度。

1.6.2 创新

第一，从权利保护视角向行为规制视角转换。目前，国内研究个人数据保护，以权利进路为主，通过赋予数据主体个人数据控制权规避风险。金融领域在规避金融机构个人数据处理风险时，也主要从金融消费者权益保护出发，注重金融机构个人金融数据的保密义务。但是随着金融科技的不断发展，法律的滞后性日益凸显，无论是金融机构个人数据内涵的界定，还是数据主体的权利义务内容都很难应对金融科技创新发展带来的挑战。因此，传统的"关注安全底线的、静态的、整齐划一的规定"已无法为金融机构个人数据提供实质性的安全保障。① 鉴于金融行业的特殊性和金融机构个人数据处理风险的多样性、复杂性，借鉴欧盟和美国的经验，采用行为规制路径，从金融机构个人数据处理的风险出发，结合金融场景，对金融机构个人数据处理行为采取差异化规制，变数据处理前的静态合规遵循为数据处理中的动态风险控制。

第二，提炼场景风险规制模式。脱离具体场景的个人数据保护规范原则性强，可操作性差，将场景维度引入个人数据处理的法律规制中，是未来个人数据立法的必然趋势。采取"场景风险规制模式"，区分个案场景与规范场景，在个案场景的基础上，提炼规范场景的数据流动要素，将规范场景的数据流动要素作为规制对象，从数据类型、数据控制者和数据传输原则三个方面对金融机构个人数据处理行为实行差异化规制，制定金融机构个人数据处理行为规范，提高金融机构个人数据处理行为法律规制的效果。本书提出的场景风险规制模式也可以适用于其他规范场景，实现一般个人数据保护与规范场景个人数据保护的结合，提高个人数据法律规制的可操作性。

第三，从数据流转动态角度对金融机构个人数据进行动态分类。目前对于金融机构个人数据分级分类主要依据个人数据的敏感度，注重个人数据权益的静态保护。但是，金融机构个人数据的价值在于流动，本书从数据流转的动态角度进行再分类，对不同数据处理阶段的金融机构个人数据进行权益分配，在保护金融消费者个人数据权益的基础上，促进金融机构个人数据的流转，实现数据价值的最大化。

---

① 洪延青．"以管理为基础的规制"——对网络运营者安全保护义务的重构．环球法律评论，2016，38（4）：39-40.

------------------ 第 2 章 ------------------
金融机构个人数据处理的
概念界定及规制基础

2.1 金融机构个人数据的概念界定

个人数据与金融机构个人数据是一般与特殊的关系，界定金融机构个人数据应以个人数据的界定为基础。数据起源于信息科学领域，随着技术的发展，数据成为生产要素产生价值，涉及利益分配才进入法学研究的视野，因此，要想深入理解个人数据的内涵，需从不同学科出发全面理解数据的内涵与外延。

2.1.1 "数据"与"信息"

数据（data）与信息（information）是信息科学、数据科学、计算机科学等自然科学范畴的基本术语，想要充分了解法学视域下数据与信息的关系，需对数据与信息进行本体论的剖析。

2.1.1.1 不同学科视域下的数据与信息

人类对事物的认识是一个从碎片化到系统化的过程，通常分为三个阶段，分别是数据的组织阶段、信息的创造阶段和知识的发现阶段。所以很多学者将人类的思想分为数据、信息和知识三类。但是，这三个要素之间存在一定的模糊性。尤其是数据与信息的关系，学术界关于数据与信息的关系争议很大，有的学者认为数据大于信息，在数据分析中产生信息；有的学者认为信息大于数据，信息包含数据信息和非数据信息；也有的学者认为信息与数据相等，信息就是数据，数据也是信息。关于数据与信息的关系，信息论中有个被大家普遍认可的 DIKW 模型：

图 2.1　DIKW 模型

这个模型通过金字塔的结构表现出数据、信息、知识与智慧之间的关系，逐层上升，这个关系图中，数据位于底层，信息在数据的上一层，等级越高，范围越小。数据—信息—知识—智慧，即数据是信息的载体，信息是具有内容表达的数据，信息经过归纳整理形成规律性、系统性的知识，对知识的应用、理解与推论形成智慧，简单点说，信息＝数据＋意义，数据的范围大于信息。

也有学者提出相反的意见，认为信息的范围更大。从本体论和认识论角度出发，信息是所有事物的存在和运行方式，信息本体一直存在，本体论信息可以分为已被认识的信息和不被认识的信息，已被认识的信息就是认识论信息。信息可以通过多种形式表现出来，数据仅是记录信息的一种形式，通过数据记录表现出的被认识的信息就是一种认识论信息。从这个意义上看，除了数据信息还有以其他形式存在的信息，因此，数据的范围小于信息。

上述认识的分歧在于不同学科基于不同的立场和研究方法，对于概念认知存在差异。第一种认知，DIKW 模式是从计算机学科角度观察、概括出来，具有较强的解释力和说服力；第二种认知，将信息分为本体论的信息和认识论的信息，接近于哲学层面的探讨。其实，从技术层面，"信息"与"数据"本质上是不同的，数据本质上就是 0 和 1 组成的符号，信息本质上是依托物理设备表现出来的对客观事物的一种反映。总之，数据强调形式，信息注重内容。

2. 1. 1. 2 法律规范视域下的数据与信息

随着人类由工业时代迈进信息化时代，"信息"和"数据"产生巨大的价值，"信息"和"数据"的权益分配成为法律规范领域的研究范畴。目前全球很多国家都已经制定或者正在制定个人数据保护法。综观各国立法，在"数据"与"信息"概念的使用上不做严格区分，如欧盟的《一般数据保护条例》（GDPR）使用的概念是"个人数据"，美国、加拿大等使用的概念是"个人信息"；而我国《个人信息保护法》使用的概念是"个人信息"，香港特别行政区和澳门特别行政区，则使用"个人资料"。虽然名称不同，但是内涵基本接近。国内无论是学术研究还是司法实践中，信息与数据的关系也并未达成理论共识，出现法律术语混乱的局面。

从法学研究视角看待信息与数据的关系，主要有以下几种观点：第一种观点，程啸[1]认为信息和数据不能严格区分，信息与数据是内容与形式的关系，分离数据与信息去抽象地讨论权利是不可行的。第二种观点，纪海龙[2]认为区分"信息"与"数据"是必要的，信息是具有内容含义的知识，而数据是信息的表现形式，两者的价值取向不同，应区分并进行权利构建。第三种观点，梅夏英[3]认为信息的表达方式有很多，数据只是信息表达的一种方式，除了数据还有纸张等传统的表达方式。第四种观点，黄国彬等[4]认为信息是数据经过加工处理后得到的另一种形式的数据，数据则是对客观事物的记载，包含数值数据和非数值数据。

笔者认为，从法律规范的角度，信息与数据是内容与形式的关系，两者不可明确界分。数据之所以产生价值，是因为数据中存在对于数据主体或者数据控制者有用的信息。没有信息内容的数据，就是以比特形式存在

---

[1] 程啸. 论大数据时代的个人数据权利. 中国社会科学, 2018（3）: 105-106.

[2] 纪海龙. 数据的私法定位与保护. 法学研究, 2018, 40（6）: 73-76.

[3] 梅夏英. 数据的法律属性及其民法定位. 中国社会科学, 2016（9）: 167-169.

[4] 黄国彬, 张莎莎, 闫鑫. 个人数据的概念范畴与基本类型研究. 图书情报工作, 2017, 61（5）: 42.

的符号，没有任何信息，也就不会产生任何价值，没有价值就不涉及权益分配，也不存在法律对其进行规范和调整的意义。

2.1.2 个人数据

2.1.2.1 "个人信息"与"个人数据"

从官方的法律文件上看，我国立法层面主要使用"个人信息"，如《网络安全法》《消费者权益保护法》《民法典》《个人信息保护法》《数据安全法》《反电信网络诈骗法》。"个人数据"并未出现在法律层面，主要出现在一些行政法规和部门规章中，如《国家"十三五"规划纲要》《个人金融信息（数据）保护试行办法（初稿）》等，从其内涵上看，等同于"个人信息"。因此，从目前规定的内容看，我国法律在使用"个人数据"或"个人信息"时，其内涵是一致的。

从学术研究角度看，有的学者认为采用"个人数据"一词更为适宜，理由是大数据时代，信息主要以数据的方式存在，大数据分析对于人类生活的影响是方方面面的，使用"个人数据"能体现法律调整对象的本体性质。有的学者倾向于采用"个人信息"，理由是"个人信息"更符合我国的立法传统，法条中已经明确使用"个人信息"一词，没有更改的必要。而且识别到个人的数据才是个人信息，强调的是个人信息的内容层面。也有学者认为二者没有界分的必要，无论是使用"个人信息"还是使用"个人数据"，都是在不同语境下的不同表达方式，内容基本趋同。

从域外法的规定上看，无论是使用"个人数据"的欧盟还是使用"个人信息"的日韩，抑或使用"个人可识别信息"的美国，都没有对"个人信息"和"个人数据"进行区别保护。尽管欧盟、美国等国家个人数据保护的理念不尽相同，称谓也不同，但是其内涵基本一致。考夫曼曾说，法律语言是"法律人彼此约定一种特定的语言使用方式"。[①] 实际上，不同国家使用不同的称谓，与该国的法律传统或者使用习惯有很大的关系。称谓不同可以理解为只是表述方式上的差异，本质上是相同的。

---

① 转引自林立.法学方法论与德沃金.中国政法大学出版社，2002：151.

总体来说，无论是从官方文件、学者讨论还是从域外法的规定，存在个人信息和个人数据的不同称谓，但其内涵基本趋于一致。相比较而言，个人信息侧重内容与本质，与人格利益密不可分，而个人数据侧重于载体或媒介本身，是大数据背景下个人数据资料的概括表达，伴随着科技的发展，更凸显其作为生产要素的财产价值。本书立足于大数据时代，对金融机构个人数据处理进行法律规制，目的是构建金融机构个人数据流动秩序，主要探讨以电子数据形式存在的个人信息，因此，使用"个人数据"更为适宜。①

2.1.2.2 个人数据概念的比较分析

（1）域外个人数据的界定。全球范围内，欧盟在个人数据保护方面一直走在前列。1995年，欧洲议会和欧盟理事会在《涉及个人数据处理的个人保护以及此类数据自由流动的指令（95/46/EC）》中规定："'个人数据'是指与一个身份已被识别或者身份可识别的自然人（数据主体）相关的任何信息"，"身份可识别的人是指其身份可以直接或者间接特别是通过身份证件号码或者一个或多个与其身体、生理、精神、经济、文化或社会身份有关的特殊因素来识别的人。"② 2016年，欧盟为了应对大数据时代形势的变化，在95号令的基础上制定了《一般数据保护条例》（GDPR），号称史上最严数据保护法。在个人数据概念的界定上，GDPR基本上沿袭了95号令的规定，以"身份的可识别性"作为个人数据的判断标准。但是，其进一步扩大了个人数据的范围，增加了位置数据、在线标识以及基因数据等个人数据类型。

美国与欧盟不同，没有统一的个人数据保护法，主要采用判例以及部门立法的方式。相较于GDPR，美国的个人信息概念较为宽泛。《加利福尼亚州消费者隐私保护法案》（California Consumer Protection Act，CCPA）认为个人信息，是指能够直接或间接地识别、描述与特定的消费者或家庭相

---

① 鉴于"个人信息"一词在相关法条和学术研究中出现的频次较多，在文章之后的引用中，如无特殊说明，不区分"个人数据"与"个人信息"。

② 参见95/46/EC Directive of Personal Data Protection. Art. 2（2）.［2020-07-07］. https：//edps. europa. eu/sites/default/files/publication/dir_1995_46_en. pdf.

关或合理相关的信息，包括但不限于真实姓名、别名、邮政地址、唯一的个人标识符、在线标识符、互联网协议地址、电子邮件地址、生物信息、商业信息、地理位置数据以及教育信息等。CCPA 将与家庭、身份关联的和设备的信息纳入个人信息的范围。

各国立法在个人信息的界定上基本采取概括式+列举的方式，以"识别性"为界定标准，分为直接识别和间接识别。

（2）我国个人数据的界定。我国在个人信息界定方面也采用了识别性的标准，《民法典》和《个人信息保护法》都规定，个人信息是"以电子或者其他方式记录的能够单独或者与其他信息结合识别特定自然人的各种信息"。本书也采用"识别说"的标准，认为个人数据是仅指以电子数据的形式记录的，能够单独或者与其他数据结合识别的特定自然人的各种数据。

除了"个人信息"与"个人数据"外，在传统理论框架下，"个人信息"与"隐私"和"数据"的关系扑朔迷离，有必要分析和澄清。2021年颁布的《民法典》并未对"信息"和"数据"进行明确的划分，但是明确区分了"个人信息"、"隐私"和"数据"。

首先，关于个人信息与隐私的概念辨析。个人信息不同于隐私，《民法典》明确将个人信息与隐私分开规定，可见两者之间并不是包含与被包含的关系，两者在价值层面、内涵与外延、权能范围、侵害方式和责任承担等方面都有显著不同。

第一，价值层面。隐私保护诞生于第一次工业革命末期，来源于对人格利益的关注，侧重于对私人生活安宁的保护；随着技术的发展，个人信息保护成为第三次工业革命时代的产物，个人信息既具有人格利益又有一定的财产利益，个人信息注重的是身份识别性，保护个人对信息的自主决定的权益，注重在控制与流动之间寻求利益平衡。

第二，内涵与外延。隐私注重的是隐秘性，通常指个人不愿意公开披露且不涉及公共利益的部分。个人信息注重的是身份识别性而不是隐秘性，即与个人人格和身份相关联，无论信息是直接识别，还是与其他信息结合之后间接识别，都认为其具有身份识别性，如姓名、出生日期、住址、电话号码、电子邮箱等。因此，公开的个人信息不是隐私，而隐私也并不都表现为信息，生活安宁的隐私和没有形成记录的隐私，都不属于个人信息。

第三，权能范围方面。隐私主要侧重于保密与隐藏，隐私保护主要包括两方面的内容：独处的生活状态或私人事务，私生活秘密不受他人的非法披露。① 而个人信息强调个人能否自主决定和支配个人信息，具体包括：对于信息收集与利用的知情权；对于超出收集目的使用个人信息的反对权；纠正个人信息的更正权和删除权；等等。隐私主要表现为消极权能，而个人信息主要表现为积极权能。

第四，侵害方式和责任承担方面。对于隐私的侵害主要表现为非法的披露和骚扰，对于个人信息的侵害主要表现为非法收集与使用、非法泄露、非法倒卖等。隐私侵权以侵害隐私权为前提，个人信息侵害并不是侵害个人信息权，而是以违反个人信息保护规则为前提；隐私权侵权是一般侵权行为，不推定违法并适用过错原则，个人信息侵权，是特殊侵权，推定违法并适用过错推定。② 当公务机关为侵权人时，更适用危险责任。③ 隐私侵权通常承担民事责任，个人信息侵权，除民事责任外，还会承担行政责任甚至刑事责任。由此可见，隐私与个人信息是两个不同的法律概念，两者的交叉是私密信息。

图 2.2　个人信息与隐私的关系

个人信息保护重在防止识别，隐私保护重在隐匿，个人信息保护的目

---

① 王利明. 论个人信息权的法律保护——以个人信息权与隐私权的界分为中心. 现代法学，2013，35（4）：67.

② 何渊. 数据法学. 北京大学出版社，2020：49.

③ 杨芳. 隐私权保护与个人信息保护法：对个人信息保护立法潮流的反思. 法律出版社，2016：73-74.

的是促进信息流通，隐私保护的目的是防止信息外泄。从两者的区分上我们也可以看出，将个人信息从隐私中分离出来，并构建个人信息保护制度，其目的是弥补隐私权保护在大数据时代的局限性，防止隐私权泛化对个人信息流动的限制，促进数字经济的发展。[①]

另外，关于个人信息与数据的概念辨析。我国民法典将"个人信息"与"数据"分别规定在《民法典》第111条和第127条，将个人信息规定在人格权编，而将"数据"与网络虚拟财产并列，体现出对个人信息和数据分别采取人格权保护路径和财产权保护路径。"个人信息"与"数据"的关系见图2.3。[②]

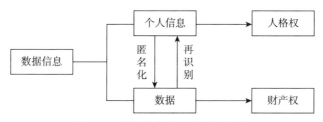

图2.3 数据信息的保护路径比较

个人信息与数据通过"匿名化"和"再识别"实现相互转化。个人信息匿名化后转化为数据，采用无形财产权的保护进路，数据如果能够识别到个人则转化为个人信息，采用人格权保护进路。

数据作为财产权的客体有"物权客体说"、"知识产权客体说"和"无形财产权客体说"。数据与民法上的"物"有着本质的区别，不能作为物权的客体，数据既不具有独创性，不是智力成果，也不是知识产权的客体，知识产权的上位概念是无形财产，将数据归为无形财产更为合适。从《民法典》的规定看，自然人是个人信息的主体，个人信息一般享有信息的知情权、更正权、删除权等权能，属于人格利益。因此，法人不能成为个人信息的主体。数据权被认为是一种财产权而不是人格权，个人信息不是数据权的客体，匿名化的个人信息转化为数据之后可以成为数据权的客

---

① 高富平. 个人数据保护和利用国际规则：源流与趋势. 法律出版社，2016：4.
② 何渊. 数据法学. 北京大学出版社，2020：50.

体。数据权的主体是数据控制者，数据控制者可以是自然人，也可以是法人，数据控制者对于数据享有占有、使用、收益、处分的财产权利。因此，自然人对于个人信息享有人格利益，数据控制者对于合法收集的个人信息不享有财产权，只享有财产利益，当数据控制者掌握的个人信息遭受侵害时，可以以商业秘密请求保护，不构成商业秘密的，以《反不正当竞争法》规定的请求权进行保护。但是，当个人信息被匿名化处理后就转化为数据，数据控制者对于数据享有财产权。反之，当数据被再识别到个人时，就转化为个人信息，依照个人信息的相关法律规定处理。

2.1.3　金融机构个人数据

金融机构个人数据，是个人数据在金融领域的延伸。对于金融机构的个人数据，从学术讨论和官方文件上，定义为个人金融信息的较多，但是仔细研究个人金融信息的定义或内涵，看似明确实则模糊。学术领域的界定有，王宝刚等[①]认为个人金融信息是指金融机构在与自然人客户发生业务往来时，基于交易相对方的地位所知悉、收集、使用、保存、加工的有关信息，包括但不限于个人基本身份信息、交易记录信息以及其他信息。李振林[②]认为个人金融信息是指与公民个人开展金融活动相关的信息，包括因交易、监管、征信等活动而产生、采集的金融交易信息等。邵朱励[③]认为个人金融信息，是个人信息在金融领域的细化，是指金融机构基于与其个人客户的潜在的、现实的或曾经的金融交易往来关系而采集、使用、储存、加工的个人信息。简言之，个人金融是指金融机构掌握的个人信息。上述概念标准不一，第一个和第三个概念都以金融机构作为界定个人金融信息的关键词，第二个概念以金融活动作为界定的标准。

官方文件上的界定，2011 年《中国人民银行关于银行业金融机构做好个人金融信息保护工作的通知》规定，个人金融信息是银行业金融机构在

---

① 王宝刚，张立先，马运全等．个人金融信息保护法律问题研究．金融理论与实践，2013（2）：75.

② 李振林．非法利用个人金融信息行为之刑法规制限度．法学，2017（2）：104.

③ 邵朱励．个人金融信息权的民法保护研究．博士学位论文，安徽大学，2016.

业务开展过程中直接或从系统中间接获取、加工和保存的个人信息。2019年中国人民银行起草的《个人金融信息（数据）保护试行办法（初稿）》指出，个人金融信息是指金融机构通过开展业务或者其他渠道获取、加工和保存的自然人信息，包括但不限于自然人的身份信息、财产信息、账户信息、信用信息、金融交易信息以及其他反映特定自然人某些情况的信息，不包括经过技术处理无法识别或者关联特定个人且不能复原的自然人信息。2020年颁布的《个人金融信息保护技术规范》（JR／T 0171—2020）规定，个人金融信息是指金融业机构通过提供金融产品和服务或者其他渠道获取、加工和保存的个人信息，其他反映特定个人金融信息主体某些情况的信息。2020年11月正式实施的《中国人民银行金融消费者权益保护实施办法》不再使用个人金融信息的概念，提出"消费者金融信息"。消费者金融信息，是指银行、支付机构通过开展业务或者其他合法渠道处理的消费者信息。具体内容见表2.1。

表 2.1　个人金融数据相关概念汇总

概念	概念来源	定义	示例
个人金融信息	中国人民银行关于银行业金融机构做好个人金融信息保护工作的通知（2011）	金融机构在业务开展过程中直接或从系统中间接获取、加工和保存的个人信息	个人身份信息 个人财产信息 个人账户信息 个人信用信息 个人金融交易信息 衍生信息 在与个人建立业务关系过程中获取、保存的其他个人信息
个人金融信息	个人金融信息保护技术规范（2020）	金融业机构通过提供金融产品和服务或者其他渠道获取、加工和保存的个人信息	账户信息 鉴别信息 金融交易信息 个人身份信息 财产信息 借贷信息 其他反映特定个人金融信息主体某些情况的信息

（续表）

概念	概念来源	定义	示例
消费者金融信息	中国人民银行金融消费者权益保护实施办法（2020）	银行、支付机构通过开展业务或者其他合法渠道处理的消费者信息	个人身份信息 财产信息 账户信息 信用信息 金融交易信息 其他与特定消费者购买、使用金融产品或者服务相关的信息
个人财产信息	个人信息安全规范（2020）	以电子或者其他方式记录的能够单独或者与其他信息结合识别特定自然人身份或者反映特定自然人活动情况的各种信息	银行账号 鉴别信息（口令） 存款信息（包括资金数量、支付收款记录等） 房产信息 信贷记录 征信信息 交易和消费记录 流水记录 虚拟货币、虚拟交易、游戏类兑换码等虚拟财产信息

从上述法律文件中对个人金融信息的概念界定可知，目前并没有统一的个人金融信息的概念，个人金融信息、个人财产信息和消费者金融信息概念之间交叉重叠的内容较多，如个人金融信息与个人财产信息，重叠交叉的内容较多又不等同，个人财产信息是具有财产属性的个人信息，是从信息内容方面进行的划分；而个人金融信息虽然具有财产属性，但是划分的标准是数据控制主体；个人金融信息与消费者金融信息之间，则以金融机构划定范围的不同进行区分。因此，从现有的法律法规对个人金融信息的界定看，一个核心概念是"金融机构"。但是，关于什么是"金融机构"，法律法规没有统一的规定，往往是根据不同的监管目的，在不同规则中划定不同的金融机构的范围。

与我国不同，美国法律对个人金融信息界定的标准是区分金融活动和非金融活动。美国《金融服务现代化法》（the Gramm-Leach-Bliley Act, GLBA）对个人金融信息的界定就采用了这个标准。而且无论是金融机构的界定，还是金融产品或服务的定义，均指向了 the Bank Holding Company Act of 1956 ［12U. S. C. 1843 （k）］ 中第 4 节 K 项所列举的金融活动。[1] 依据《金融服务现代化法》的标准，金融机构就是显著从事金融活动的机构。个人金融信息主要是指金融机构在提供金融产品或服务的过程中，要求消费者提供的或与消费者互动过程中产生的非公开个人信息。[2] 我国与美国都对个人金融信息进行特殊的规制，但是界定标准不同，我国以"金融机构"为界分的标准，美国以"金融活动"为界分的标准。

我国学术界和官方文件中，个人金融信息（数据）的概念使用较多。但是通过比较分析，个人数据与个人金融数据概念之间的界限越来越模糊：一方面，大数据技术的发展，个人数据呈爆炸式增长，金融机构积累的个人数据与日俱增，无法在个人金融数据与个人非金融数据之间划定界限；另一方面，数字金融背景下，个人数据在金融领域的应用越来越广泛，金融机构收集个人数据范围逐渐扩大，利用大数据分析技术，收集的个人数据的数量和维度越多，越有利于客户画像，金融机构有着强烈的"了解你的客户"的需求，其收集数据的范围早已突破传统金融业务的限制，越来越多的个人数据被金融机构获取，成为个人金融数据。

个人金融数据区别于一般个人数据的明确边界是数据控制者——金融机构。金融机构是个人金融数据的主要控制者，规范金融机构个人数据处理的行为，既符合个人数据在金融领域法律规制的需求，又能防止概念之间的交叉与重叠。因此，本书认为金融机构个人数据这一概念更有利于与一般个人数据进行区分，金融机构个人数据是指金融机构通过提供金融产品和服务或者其他渠道获取、加工和保存的，已识别或者可识别到个人的数据。对于何谓金融机构，一直存在争议，金融机构并非一个恒定不变的概念，其边界与内涵必须顺应金融在特定时代下发展的需求。[3] 从数据控

---

① 洪延青. 个人金融信息收集和共享的基本原理：基于中美欧规则的展开. 中国银行业，2019（12）：29-30.

② 洪延青. 个人金融信息收集和共享的基本原理：基于中美欧规则的展开. 中国银行业，2019（12）：29-30.

③ 黎四奇. 二维码扫码支付法律问题解构. 中国法学，2018（3）：126.

制者的角度，除了包括传统持牌金融机构外，还应当包括互联网相关的新型持牌金融机构与地方金融组织（机构）等。① 鉴于目前相关的法律规章中使用个人金融信息概念的较多，为了论述方便，文中将金融机构个人数据等同于个人金融信息（数据），不做详细区分。

此外，金融机构处理的数据内容庞杂，除了个人金融数据还有非个人金融数据，两者的区别主要采用通行的"识别"标准，也就是以能否识别个人作为个人金融数据与非个人金融数据的区别。个人金融数据与非个人金融数据之间的界限并非泾渭分明，但是两者法律规制的逻辑不同。从法律属性上看，个人金融数据兼具人格性属性和财产性属性，而非个人金融数据只具有财产性属性，两者法律属性不同，在 2021 年颁布的《民法典》中有所体现，《民法典》将个人数据列入人格权编，将数据列入财产权编。从保护路径上看，对个人金融数据的保护主要从人格利益出发，对其隐私权、个人信息权、消费者权益等方面进行保护，保护的内容包括金融消费者的人格利益和财产利益。而非个人金融数据的保护路径目前还未有定论，实践中主要通过商业秘密、反不正当竞争法等维护企业的数据权益。从价值目标上看，无论是个人金融数据还是非个人金融数据法律规制的目标都是多维度的，但是个人金融数据法律规制处理的是个人、金融机构之间的利益冲突，侧重于维护金融消费者权益；非个人金融数据法律规制处理的是金融机构之间的利益冲突，侧重于维护金融机构的数据权益。本书聚焦于个人金融数据的法律规制，是因为在所有的金融数据中，个人金融数据最为复杂，对其进行有效的法律规制是建立金融数据流动秩序的关键环节。

2.2　金融机构个人数据处理的内涵分析

金融机构记录个人数据古已有之，但是，从来没有哪个时代像大数据

———————————

① 2020 年颁布的《个人金融信息保护技术规范》规定"金融业机构是指国家金融管理部门监督管理的持牌金融机构，以及涉及个人金融信息处理的相关机构"。

时代一样，个人数据处理成为金融机构开展金融业务的必要条件。无论是传统金融机构的数字化转型升级，还是金融科技引领数字金融的发展，都依赖于海量个人数据的处理。信息技术的发展使得金融机构个人数据处理的内容更加丰富、手段更加多样，呈现出很多新的特点，也决定了对其进行法律规制的必要性和紧迫性。

2.2.1 金融机构个人数据处理的概念

从各国的法律规定看，对个人数据处理的概念一般做广义的解释，是指数据控制者对个人数据做的一切行为，包括收集、存储、分析、转让、销毁等。如欧盟《一般数据保护条例》（GDPR）中规定，"处理"是指针对个人数据或个人数据集合的任何一个或一系列操作。[①] 美国 2018 年制定的《加利福尼亚州消费者隐私保护法案》（CCPA）对个人数据处理也做广义的解释，法案规定"处理"系指对个人数据或个人数据集合进行的任何操作或一组操作，无论是否通过自动化手段。[②] 对个人数据处理做狭义理解的主要是《德国联邦数据保护法》，其规定"处理指对个人数据的存储、修改、传输、阻滞和删除"[③]，该法案将处理与收集和使用并列，也就是狭义的个人数据处理不包括收集行为和使用行为。我国法律采用的是广义的解释，《民法典》第 1035 条第 2 款规定："个人信息的处理包括个人信息的收集、存储、使用、加工、传输、提供、公开等。" 2021 年发布的《个人信息保护法》第 4 条沿袭了《民法典》的规定，采用广义的解释。

个人数据处理广义的解释与狭义的解释的区别在于强调的内容不同，广义的解释涵盖所有对个人数据的操作行为，狭义的解释是将处理行为与收集行为和使用行为并列，区分不同的操作阶段。金融机构个人数据处理是个人数据处理在金融领域的延伸，为保证法律解释的严谨性，依据《民

---

① General Data Protection Regulation. Article 4（4）［DB/OL］. https：//gdpr-info. eu/2020-02-03.

② California Consumer Protection Act（CCPA）. Sec. 7：1798. 140（q）［DB/OL］. https：//cdp. cooley. com/ccpa-2018/2020-10-10.

③ 李爱君，苏桂梅. 国际数据保护规制要览. 法律出版社，2018：3.

法典》的相关规定，金融机构个人数据处理也采用广义的解释，主要包括以下行为：收集、分析、共享、传输等。本书着重探讨金融机构个人数据动态流转的规范，对个人数据处理做广义的解释更符合题中应有之义。

2.2.2 金融机构个人数据处理的特点

传统金融机构对个人数据的处理主要是记录和汇总，当金融与科技高度融合后，金融机构个人数据处理呈现出规模化、深度化、智能化的特点。

2.2.2.1 金融机构个人数据处理的规模化

数字金融时代，金融机构在开展业务的过程中积累了海量的个人数据，金融机构个人数据处理也呈现出规模化的特点。首先，金融机构个人数据内容的规模化。内容的规模化主要表现为体量大和维度多。随着互联网的普及，人们的一切行为都可以被数字化记录并保存，这使得大数据时代个人数据的体量急剧膨胀，金融消费者的每一次行为都可以被记录下来，如支付行为、转账行为、保险行为等，日积月累，金融机构沉淀海量的个人数据。除了体量大外，个人数据的维度也在增多，以往金融机构只收集个人的基本数据，便于身份认证，通常包括姓名、年龄、身份证、住址等。大数据时代，个人数据已经成为金融机构的数据资产，从"了解你的客户"出发，多维度收集数据可以更全面地了解消费者，进而开展精准营销和产品研发，因此，现在金融机构收集的个人数据已经扩大到与消费者相关的一切数据，如地理位置信息、行为习惯、个人喜好等。其次，金融机构个人数据处理行为的规模化。随着云计算、区块链、大数据等技术的发展，计算机的算力和运行速度都在不断加强，自动化、规模化地处理个人数据是必然的趋势。加上个人数据易于复制，多次使用、反复复制也不会对数据的内容造成任何的减损，海量个人数据的融合为个人数据处理行为的规模化提供了基础，数据技术的发展为数据处理的自动化、规模化提供了技术支持。

2.2.2.2 金融机构个人数据处理的深度化

金融机构个人数据的处理不断追求深化，最大化地释放数据的价值，并将挖掘的信息用于客户画像、产品开发以及风险控制，因此，金融机构也越来越注重对个人数据的二次开发利用。个人数据的二次开发利用就是通过大数据技术以及各种新兴的数据挖掘技术，对海量多维度的个人数据进行分析和利用，进而释放数据价值的过程。金融机构个人数据处理的深度与大数据技术发展和个人数据的规模呈正相关关系。

金融机构个人数据处理的深化主要依靠数据挖掘技术，数据挖掘就是从未知的数据中分析、提取有价值的信息的过程。① 数据挖掘实现个人数据的两个功能——记录和预测，这两个功能对于金融业的发展至关重要，有助于实现精准营销和风险规避，从而带来更优的经营绩效和更高的运营效率。金融机构个人数据处理的不断深化为金融业挖出一座"金矿"。以余额宝为例，余额宝本质上就是互联网巨头们利用大数据与人工智能技术对用户价值的深度挖掘。余额宝依赖阿里巴巴集团积累数十年的用户数据，通过对数以亿计用户的个人数据进行数据的分析挖掘，很好地预判用户的违约概率等关键特征。②

2.2.2.3　金融机构个人数据处理的智能化

在计算机网络、大数据、物联网和人工智能等技术的支持下，金融机构个人数据处理在处理方式、处理内容和处理结果等方面日益实现智能化。金融机构正尝试在各个领域实现个人数据处理的智能化，进而构建金融领域的智能系统。在金融产品研发方面，金融机构相继推出智能投顾、智能推荐等，将个人数据进行智能化应用，针对客户的喜好、风险偏好等推荐金融产品或服务。或者将人脸识别、图像识别、文字识别、语音识别等技术运用于服务场景中，推出智能客服、网点智能机器人等金融服务。在金融监管方面，腾讯自主研发金融大数据安全平台，实现智能化监管，该平台就是利用海量的个人数据，通过一套有效的模型和算法，实现智能化风险控制。

---

① 吉根林，赵斌. 面向大数据的时空数据挖掘综述. 南京师大学报（自然科学版），2014，37（1）：1.

② 涂子沛，郑磊. 善数者成. 人民邮电出版社，2019：121-123.

2.2.3　金融机构个人数据处理与金融机构个人数据交易的界分

不同的学科对"交易"有不同的解释，在经济学领域，康芒斯将"交易"定义为"所有权的移转"，该概念是用于解释经济活动中人与人之间的关系的工具。① 科斯认为"交易"就是指"市场交易"，即通过价格机制的作用在不同的生产要素所有者之间发生的资源配置过程。② 在法学领域，交易的概念主要应用于民商法中，法学中交易的法律表现形式即合同或契约。交易概念包括买卖以及提供和接受服务的合同形式。③ 虽然概念之间存在差异，但是概念的共同点是交易以价值为基础。数据之所以可以进行交易，也正是因为数据是一种资源，具有价值，可以满足社会需求。数据交易通常指各经济主体围绕数据这一生产要素产生的有偿许可行为，通过有偿许可，数据继受主体支付对价，并获得对数据的相应权利④。

个人数据处理与个人数据交易是个人数据流转的不同环节，两者之间存在一定的差异。第一，主体不同。数据与有体物相比，具有可复制性、非竞争性、非排他性等特点，与有体物的交易相比，数据作为交易客体涉及多方利益主体，其交易模式更为复杂。通常情况下数据交易主体包括数据供应者、数据需求者、大数据交易平台、数据代理商等，当然，不同的数据交易模式下数据主体也有所不同。个人数据处理中涉及的主体主要包括数据控制者、数据处理者、第三方机构，其中的第三方机构是与数据控制者有业务关系的科技公司，如数据外包等。第二，客体不同。个人数据交易的客体是有价值的大数据产品，单个个人数据和未经匿名的个人原始数据均不能成为交易的客体。依照现有的法律规定，个人数据进行交易的前提是匿名化。个人数据处理行为的客体可以是单个的个人数据、个人原

---

① ［美］约翰·康芒斯. 制度经济学（上册）. 于树生译. 商务印书馆，1962：121.
② 转引自张群群. 交易概念的不同理论传统及其比较. 财经问题研究，1997（11）：23.
③ 屈茂辉，章小兵，张彪. 交易概念的法学与经济学比较. 财经理论与实践，2006（2）：123.
④ 肖建华，柴芳墨. 论数据权利与交易规制. 中国高校社会科学，2019（1）：89.

始数据，也可以是经过加工之后的个人数据产品。第三，法律关系的内容不同。数据交易法律关系依数据交易模式、交易情况的不同而内容各异，主要是为交易双方设定权利义务，应结合具体的交易情况进行分析。① 个人数据处理法律关系的内容，主要表现为数据主体的权利、数据控制者的义务等，具体内容规定在《民法典》《数据安全法》《网络安全法》以及《个人信息保护法》中。

金融机构个人数据处理与金融机构个人数据交易也存在上述差异，具体而言在规制的对象、内容和目的方面有着本质的不同。金融机构个人数据处理的规制对象是金融机构及因数据处理业务需要而外包的第三方机构，不包括数据交易平台、数据代理商等。金融机构个人数据处理规制的目的是建立金融机构个人数据处理的行为规范，侧重于通过设定权利义务规范不同数据处理环节中金融机构的数据处理行为；金融机构个人数据交易规制的目的是建立金融机构个人数据的交易规则，侧重于规制数据交易双方的协商机制和定价机制。因此，两者不能放在同一个法律规制框架中展开讨论。本书探讨的金融机构个人数据处理行为不包含金融机构个人数据交易行为。

2.3 金融机构个人数据处理特殊规制的法理分析

随着个人数据价值的提升，与个人数据相关的法律也相继出台，金融机构个人数据是个人数据在金融领域的延伸，很多人质疑不同的行业都涉及个人数据处理的问题，是否有必要对金融机构个人数据进行特殊的法律规制。本书尝试从金融场景的特殊性入手，解释金融机构个人数据处理法律规制的法理基础。

---

① 刘新宇．数据权利构建及其交易规则研究．博士学位论文，上海交通大学，2019.

2.3.1 场景维度下金融机构个人数据处理的特殊性

个人数据处理的正当与否高度依赖场景，不同的场景下应该采取不同的保护方式，这种个人数据的场景化保护进路已经得到很多学者的认可。其中海伦·尼森鲍姆（Helen Nissenbaum）教授的"场景公正性"理论影响最大。场景理论区别于传统保护机制最大的特征，是其摒弃传统公私二元架构中"全有或全无"的判断，将个人数据处理的合理性置于具体场景中审视，综合考虑场景中的各种因素。场景理论在全球范围内受到越来越广泛的认同，世界经济论坛的报告就提出建立以场景为核心的个人信息保护新路径。① 关于"场景"概念，主要有四种解释：（1）技术系统或平台的场景（Context as Technology System or Platform）；（2）业务模型或商业实践的场景（Context as Business Model or Business Practice）；（3）部门或行业的场景（Context as Sector or Industry）；（4）社会生活的场景（Context as Social Domain）。② 对于"场景"的不同理解，与特定社会的背景和条件密切相关，且不同的场景呈现出融合的趋势。尼森鲍姆教授认为，"作为社会生活的场景"包容性更强，能够涵盖很多其他的场景，最符合个人数据保护的目的。

诚然，从场景一致性的角度理解个人数据处理，"社会场景"更符合场景理论的内涵，原因是将场景解释为行业或部门无法涵盖个人数据处理活动的所有场景。但是将场景理解为每个具体的社会场景，也会由于场景存在的复杂因素造成法律规制的碎片化。场景的解释是多维度的，从法律规制的角度，将场景解释为行业或部门，可以从该类场景对个人数据的多元影响因素出发，设计更为契合该类场景下的法律规范，提高规制效率。著名隐私认证机构 TRUSTe 认为，美国现行的立法框架反映了将场景解释

① The World Economic Forum，Rethinking Personal Data：Trust and Context in User entred Data Ecosystems（2014）.［2020-07-01］. http：//www3. weforum. org/docs/WEF_RethinkingPersonalData_TrustandContext_Report_2014. pdf.

② Nissenbaum，Helen. Respecting Context to Protect Privacy：Why Meaning Matters. Science & Engineering Ethics，2015：1-22.

为部门或行业的内在本质。美国在个人信息保护方面，没有联邦层面的统一立法，而是体现为各行业的立法。如金融领域的《公平和准确信用交易法案》（Fair and Accurate Credit Transactions Act），健康医疗领域的《健康保险携带和责任法案》（Health Insurance Portability and Accountability Act），跨境数据流动领域的《澄清境外合法使用数据法案》（Clarifying Lawful O-verseas Use of Data Act），也有专门针对儿童个人信息的《儿童在线隐私保护法》（Children's Online Privacy Protection Act）。上述法案，体现了不同部门或行业对个人数据保护的要求和期待是不同的，进行数据的分行业立法既符合场景理论的内涵，也是很多国家的现实选择。但是，并不是所有的场景都需要特别规制，金融领域内的个人数据处理需要特别规制，这是由金融场景的特殊性决定的。

尼森鲍姆教授认为，不同场景下有不同的数据流动规范，这些规范影响个人数据处理行为的合理性评价。他将场景中影响个人信息处理合理性判断的三个要素归纳为：参与者、数据类型和传播原则。[①] 这三个要素是场景中影响个人数据处理合理性的关键因素，我们也可以从这三个要素出发分析金融机构个人数据处理的特殊性。

2.3.1.1　金融机构个人数据的特殊性

金融机构个人数据除具有个人数据的一般特征外，还存在不同于一般个人数据的以下几个特点：

第一，金融机构个人数据具有高敏感性。金融机构掌握的主要是个人财务信息，如银行、保险公司、证券公司等掌握我们的收入、资产、负债等各种信息，真实度高，能够精准识别到个人，这些个人数据一旦泄露，不仅危害个人的财产安全，还会造成人身伤害，甚至会降低消费者对金融机构的信心，从而引发金融危机。一方面，从消费者的主观感受看，人们普遍不希望个人财务信息被其他人知道，所以金融机构历来有为客户保密的传统；另一方面，从数据泄露的客观后果看，个人财务数据一经泄露可

---

① Nissenbaum H. Privacy in Context：Technology，Policy，and the Integrity of Social Life. California：Stanford University Press，2009：104-108.

能对消费者的人身和财产安全造成威胁，依据我国《信息安全技术　个人信息安全规范》对个人敏感数据的定义，金融机构个人数据应归类为个人敏感数据。

第二，金融机构个人数据具有高价值性。从金融消费者角度，金融机构的个人数据是进行个人信用评估的主要依据，信用评价结果直接影响金融消费者的融投资能力，其强财产属性是一般个人数据无法比拟的，因此，金融机构个人数据在准确性、及时性和完整性方面都有极高的要求，任何微小的错误都会影响信用评估，对金融消费者造成难以估量的影响。从数据市场的角度，与一般个人数据分析具有的盖然性相比，金融机构个人数据精准度较高，且主要与个人的财务状况相关，由此产生的数据经济价值也非常可观，数据市场上不同行业对金融数据都有强烈的需求，金融机构个人数据也因其高价值性成为网络攻击的首要目标。

第三，金融机构个人数据具有复杂性。金融机构采集个人数据的场景复杂，有基于金融服务个人主动提交的，有基于金融业务开展系统自动留存的，有基于金融机构履行公权力合法收集和留存的，不同渠道获取的个人数据，其收集的方式、处理的范围和权限都有所不同；金融机构个人数据的维度也较为丰富，有原始数据，包括个人身份数据、个人识别数据等，也有在业务过程中产生的伴生数据，如交易数据、信用数据等，还有预测分析数据等，不同类型的数据权益分配有所不同。在个人身份数据中还包括需要特别规制的个人生物数据和未成年人数据等，这都决定了与之适配的法律制度的复杂性。

第四，金融机构个人数据的公共性更强，个人对数据的自决权和控制权受到的限制更多。任何个人数据除了具有私人属性，也带有一定的公共性。人们生活在社会中，个人数据具有社交价值，可以让别人通过个人数据了解自己、认识自己。因此个人数据处理的法律规制既要保护隐私，又要保障社会公众的知情权。但是在金融领域，个人数据承载着更多的公共利益，个人数据自决权必须受到严格限制。如征信领域，个人征信中有正面的信息也有负面的信息，如果赋予个人对征信数据的自主控制权，其有强烈的动机隐藏其负面信息，必然产生信息不对称，增加金融机构的借贷风险。此外，个人金融数据还被广泛应用于反洗钱、反恐怖融资、信用体系建设、风险控制等金融业务中，这些场景下，个人利益也必须让位于公共利益，金融机构个人数据的使用带有强制性。

2.3.1.2 金融机构个人数据处理主体的特殊性

金融场景下，金融机构是个人数据处理的主要参与者，金融机构是特殊的数据处理机构。首先，金融机构既不同于一般以营利为目的的企业，也不同于以管理为目的的政府，金融机构兼具政府的公权力主体特征和企业的私权利主体特征。在个人数据处理方面，企业与个人之间是平等交易的横向关系，个人自主决定是否提供个人数据；政府与个人之间是管理与被管理的纵向关系，政府出于政务管理的目的收集个人数据时，无须征得个人的同意。不同场景下，金融机构与个人之间既有横向关系也有纵向关系，如在金融机构履行反洗钱、反恐怖融资职能时，对个人数据的收集和利用可不经个人同意；在个人征信业务中，信用机构可强制性披露个人的不良记录；但是在日常的金融活动中，金融机构必须尊重个人全部数据权利，获取和使用个人数据必须征得个人的同意，并履行个人信息保护义务。鉴于场景与关系的复杂性，应明确金融机构个人数据处理的行为规范，防止个人数据被滥用。

其次，与其他数据处理主体（如政府、企业等）相比，金融机构具有脆弱性和风险传染性。以银行为例，银行是高负债经营的企业，具有较高的杠杆率，资产又多配置于不透明、非流动、比较困难的市场，在存款人与银行之间信息严重不对称的情况下，公众预期的不确定性加剧；同时，银行同业拆借及其支付系统使它们的财务更紧密地联系在一起，使得任何一个银行的困难甚至破产都会很快传播到其他银行，这种脆弱性和风险传染性在大数据时代体现得更为明显。[①] 数字金融时代，个人数据的泄露或者滥用极易引发银行的声誉风险，从金融的本质看，金融活动的基础是"信用"，银行的声誉为其充当金融中介职能提供隐形背书。个人金融数据

---

① 陈经纬. 金融法治与金融规制：转型时期逻辑与经济金融分析. 社会科学文献出版社，2016：49-50.

泄露或滥用事件一经发生，会迅速在网络上发酵，导致客户对自身资金安全的担忧，甚至质疑银行的管理能力，严重时会导致银行存款减少、业务缩减、利润下滑、投资者失去信心等一系列"滚雪球"效应。① 银行是对声誉风险高度敏感的机构，严重负面舆情甚至可能对银行造成较大流动性冲击和系统性风险。除了声誉风险，操作风险也会带来金融机构的连锁反应，如证券市场上依赖大数据进行的高频交易，一家机构操作失误，单个风险就会迅速扩大成为整个市场的风险，从而对整个金融体系的稳健运行造成威胁。因此，金融机构作为数据处理主体，对数据处理的安全、质量、规范等要求都高于其他任何数据处理主体。

2.3.1.3 金融场景中数据处理原则的特殊性

尼森鲍姆教授提出的传输原则是指主体之间以何种条件共享信息、传递信息等，可以理解为不同场景下的数据处理原则。个人数据承载多元价值，多个价值之间没有非此即彼的清晰边界，因此，不同场景下，数据处理原则是从场景出发利益衡量和价值选择的结果。个人数据处理的合理性判断是"程度"判断而非"是非"判断，可以将个人数据处理理解为一个光谱，光谱的两端分别是保护与利用，绝对的保护与绝对的利用都是不合时宜的，数据处理原则就是在保护与利用之间寻求动态的平衡，而不同的数据处理原则直接影响数据处理的合理性评估。通常情况，健康医疗场景下，数据处理原则着重保护个人隐私；消费场景下，数据处理原则着重保护消费者权益等。金融领域与其他任何领域都不同，著名的米什金"八大金融谜团"描述了世界范围内的一个共有现象：金融体系是经济中受到政府最严格管理的部门之一。② 这是因为金融关系一国经济命脉，金融体系具有脆弱性和系统性，防范系统性风险是金融场景数据处理的特殊要求。在个人数据处理原则上，一方面，金融场景对数据处理的安全性要求极高，单一金融机构的数据处理风险会迅速扩散，进而引发系统性金融风

---

① 张健华. 大数据背景下的商业银行个人信息保护. 清华金融评论，2021（2）：26-28.

② 陈经纬. 金融法治与金融规制：转型时期逻辑与经济金融分析. 社会科学文献出版社，2016：8-10.

险，因此，安全原则是金融场景数据处理的首要价值选择；另一方面，个人数据与个人信用息息相关，个人数据的准确度和精细度会直接影响金融机构的风险管理，因此，金融机构对于个人数据质量和粒度的要求也普遍高于其他行业。此外，金融场景还具有利益复杂性，个人利益、商业利益、公共利益纵横交错，一些特殊的金融场景下，在金融机构个人数据处理中个人利益必须让位于公共利益，如征税、反洗钱、反恐怖融资等。

综上所述，以行业或部门解释场景符合场景理论的内涵，也是很多国家个人信息保护立法模式的选择。金融场景中的数据处理主体、数据类型和数据处理原则具有一定的特殊性，对其进行专门的规制，有利于制定符合金融场景实际需求的数据处理规范，提高规制效率。

2.3.2 金融机构个人数据处理法律规制的必要性

数字金融时代，金融机构个人数据从附属要素转变为核心生产要素，金融机构个人数据处理对金融市场的影响也从最初的技术应用升级到制度变革，因此，因应时代的需求，建立专门的金融机构个人数据法律制度是个人数据法律体系的重要一环。

2.3.2.1 个人数据对传统金融市场秩序和金融法律制度造成冲击

金融产品和服务具有无形性的特点，信息对于金融市场的价值要远超过一般有形物的商品市场。如信贷市场，收集借贷人的信息，可以减少借贷风险；证券市场，信息披露制度是证券法的基石，发行人必须向投资者进行信息披露，解决信息不对称问题；银行法和保险法也都规定金融机构具有信息披露义务，以保障金融消费者权益。此外，金融产品的定价关键在于信息的分析和挖掘；金融机构客户适应性义务需要"了解你的客户"，依靠客户信息进行适当性匹配等。所以，周小川说"金融业本质上就是信息产业"。[①] 上述制度在传统的金融市场上，数据体量小，处于分散状态，个人数据保护的问题不突出，数据价值也没有得到充分的挖掘。但是，当我们跨入大数据时代，数据成为关键的生产要素，数据对于金融市场的价

---

① 周小川. 信息科技与金融政策的相互作用. 中国金融，2019（15）：9.

值应该被重新定义。

没有生产线，没有物流仓库，没有仪器设备，金融业本身就是数据生产、存储、处理和传输的集合，它与大数据有着与生俱来的天然匹配。一方面，金融产品和服务的创新以数据为基础。金融产品和服务从技术上看就是金融数据的集合，对金融数据的分析、挖掘和利用，是大数据时代金融机构开发金融产品，提升金融服务的关键。数据正在重塑金融业务，从网络贷款到货币基金，从消费金融到供应链金融，如银行、保险、证券等各个金融领域都在利用数字技术拓展金融业务，延展金融的广度和深度，为金融赋能。目前，金融机构与科技企业不断寻求合作，拓宽业务范围，有学者预测"到了 2025 年，有能力连接银行与客户的将不会是执照，而是数据；银行服务将变得无处不在，但都不是发生在银行里"[①]。另一方面，金融监管也依赖数据。监管科技就是以数据为核心和驱动的金融监管解决方案，体现数据逻辑的内涵。[②] 监管机构依托监管科技，从被监管对象直接获取监管数据，利用数据提高监管效率，维护金融市场稳定。目前，监管科技正在走向金融监管的全链条运用，各国金融监管机构都在发展监管科技，提高监管实效。由此可知，数字金融时代，数据已经成为金融市场的基本生产要素，数据不仅是金融机构决策的基本依据，也是金融监管的重要依托和规制工具，是金融机构的数据资产，是金融市场上的竞争资源。

数据在重塑金融市场的同时，对金融秩序和金融法制也带来了冲击。首先，金融产品和服务的创新建立在海量的数据融合和分析基础上，数据的流动和融合是数据价值得以挖掘的重要前提，但是，数据的非竞争性和非排他性导致数据权属不明，数据的流动秩序会直接影响金融市场秩序甚至整个金融体系；其次，在金融市场上，由于不同金融机构的数据技术水平，数据收集能力以及数据的分析、挖掘能力等有很大的差异，一旦头部

---

① ［美］布雷特·金恩. 银行 4.0 金融常在，银行不再?. 孙一仕，周群英，林凯雄译. 台湾金融研训院，2018：366.

② 蔺鹏，孟娜娜，马丽斌. 监管科技的数据逻辑、技术应用及发展路径. 南方金融，2017（10）：59-65.

企业滥用数据优势就会影响到金融市场的竞争秩序；最后，数据驱动的"监管科技"，对传统的监管模式提出挑战，必然将引起金融监管的转型和金融法制的变革。凡此种种表明，规制金融数据流通秩序应该成为金融法题中应有之义。甚至有学者认为"大数据背景下的金融法，就是数据（包含企业数据和个人数据在内的）管理、共享与利用之法"。① 总之，数据重塑金融市场秩序，亟须建立专门的金融数据处理法律制度作为支撑，以保障金融市场的健康蓬勃发展。

2.3.2.2　现有个人数据保护相关法律在金融领域适用存在局限性

大数据时代，个人数据的合理使用和保护成为突出的社会和法律问题，如何在保护个人数据安全的同时，促进数据的流动是各国立法关注的焦点。为了完善个人数据保护法律制度，我国已经出台了《网络安全法》《民法典》《消费者权益保护法》《个人信息保护法》和《数据安全法》等，这些法律共同构成了个人数据法律保护体系。但是，现有个人数据保护法律在金融领域适用存在一定的局限性。首先，《网络安全法》和《数据安全法》中都有关于个人数据保护的规定，但是，《网络安全法》主要聚焦于网络运营商对个人数据收集、使用问题，涉及范围过窄；《数据安全法》围绕的核心是维护数据安全（尤其是国家数据安全），其关注的并不是单一个人数据，而是威胁到国家安全的重要数据。在金融领域，只有当个人数据处理涉及网络安全和数据安全时，才适用上述两部法律。此外，金融机构个人数据处理风险具有传导效应，容易引发系统性金融风险，这是由金融行业的特殊性决定的。《网络安全法》和《数据安全法》对个人数据处理的规制侧重于维护网络空间主权和数据处理活动，无法解决金融领域由数据处理传导效应引发的系统性风险问题。

其次，《民法典》虽然确立了个人信息受法律保护的权利，对于大数据时代个人信息保护具有重要的意义。但是，民法主要调整的是平等主体间的法律关系，而金融机构个人数据处理的双方信息能力处于明显不平等状态，民法提供的私法保护路径在金融领域适用乏力，个人数据的侵权行

---

① 邢会强．大数据时代个人金融信息的保护与利用．东方法学，2021（1）：53.

为很难通过私法途径得到救济。

再次,《消费者权益保护法》采取了不同于民法的倾斜保护的规制逻辑保护消费者个人信息,但是金融机构个人数据并不以双方存在消费关系为前提,只要是金融机构掌握的个人数据都属于金融机构的个人数据,这与消费者个人数据信息保护的适用前提不同。

最后,《个人信息保护法》是专门规范个人信息处理的一部法律,它并不是《民法典》的特别法,而是一部对个人信息保护进行全面规范的兼具公法与私法属性的综合性法律。[①] 个人信息保护法主要应对自动化处理对个人人格利益的侵害,主要处理信息能力不平等的信息处理法律关系。[②] 金融机构个人数据是个人数据在金融领域的延伸,两者之间是特别与一般的关系,规制逻辑相同,金融机构个人数据法律规制必须在《个人信息保护法》规定的原则和框架下进行。但是,《个人信息保护法》作为个人数据保护的综合法和一般法,适用对象广泛(政府、企事业单位、个人等)、适用场景复杂(消费场景、医疗场景等),为了保证法律适用的统一性和协调性,个人数据保护法无法兼顾不同场景的特殊需求,其法律规范具有一般性和原则性的特点,在具体适用的过程中,忽视不同场景的差异性,会造成规制不足或者规制过度。例如,同样是个人数据收集,生活服务类平台的商业模式是通过中间服务赚取抽成,如外卖平台、打车平台等,其对个人数据的依赖度相对较低。而个性推荐类平台的商业模式则以个性化推荐为基础,通过信息服务吸引客户,进而进行精准营销,这类平台对个人数据的依赖度较高。如果实施严格的个人信息保护政策,对生活服务类平台的商业模式影响较小,而对个性推荐类平台的商业模式可能是颠覆性的打击。[③] 因此,随着个人数据应用场景越来越复杂,单一、笼统的个人数据处理规则难以满足不同场景的实际需求,个人数据处理的法律规制会

① 程啸. 个人信息保护中的敏感信息与私密信息. 人民法院报,2020-11-19(5).

② 王苑. 个人信息保护在民法中的表达——兼论民法与个人信息保护法之关系. 华东政法大学学报,2021(2):78.

③ 方禹. 数据价值演变下的个人信息保护:反思与重构. 经贸法律评论,2020(6):104-105.

逐渐区分不同的数据处理场景，实现差异化的规制。对金融领域个人数据进行特殊规制就是在《个人信息保护法》的框架下，充分考虑金融场景的特殊需求，提高规制的灵活性和可操作性，也是基于特殊领域对数据分级分类保护的尝试，实现数据治理的类型化、精细化和多元化。

2.3.2.3 数字金融时代金融机构个人数据处理法律规制需要转型升级

传统金融机构侧重于金融隐私权的保护，但是金融隐私权更契合数据体量小的工业时代，到了大数据时代，数据的开放、共享甚至交易成为金融业发展的必然要求，过于严苛的隐私权保护会影响数据的流动，不利于金融市场的健康发展。大数据背景下的金融机构个人数据法律制度应该关注到个人数据的生产要素属性，在个人数据保护与利用之间寻求平衡，因此，数字金融时代的金融机构个人数据的法律制度应在以下几个方面实现转型升级。

第一，从被动防御到主动选择。最初的金融隐私权保护脱胎于民法中的隐私权，是一种被动防御性的权利；而个人数据保护强调个人对数据的自主控制，是一种主动选择的权利，应注重保护数据主体的知情权、决定权、删除权、更正权等。第二，从统一规制到差异化规制。随着数据技术的发展，金融机构个人数据的范围不断扩大，不同的个人数据识别性和关联性不同，如果不加区分统一规制，必然提高金融机构的运营成本，影响数据流动。采取差异化规制，不同的个人数据适用不同的法律规范，才能更好地平衡保护与利用之间的关系。第三，从单一维度的保密到多维度的数据全生命周期保护。传统的金融机构个人数据保密义务，产生于小数据时代，客户资料主要用于身份识别，信息的流动性差，因此金融机构主要注重个人数据的保密义务。数字金融时代，个人数据的动态流动是金融业发展的必然要求，强调单一的保密义务会影响个人数据的流动，金融机构对于个人数据的保护，也必然由传统的客户资料保密维度延伸到全生命周期的个人数据处理行为的规范。第四，从数据封闭到数据共享。在金融机构的传统保密义务下金融数据是封闭状态，而数据价值的发挥以数据的流动为前提，金融数据的共享和使用对于大数据时代金融业务的开展、风险控制等意义重大，打破金融机构之间的数据壁垒，建立良好的数据流通秩序，在保证数据安全的前提下实现数据共享是金融数据法律制度实现的重要目标。

总之，场景是个人数据法律规制必须考虑的重要因素，现有的个人数据保护相关法律不区分场景实行统一规制，无法满足不同场景的实际需求，规制效果有限。金融场景下，个人数据的类型、处理主体和处理原则都呈现特殊性，因此，有必要在现有的个人数据保护法律体系下，结合金融场景，对金融机构个人数据进行类型化、差异化规制，建立专门的金融机构个人数据处理法律制度。

第3章
金融机构个人数据处理的
风险及法律规制模式

德国学者乌尔里希·贝克在其著作《风险社会》指出，现代科技的发展在造福人们的同时也带来了不可避免的副产品——风险。风险通常是指某种危害结果或者危害行为发生的可能性。[①] 金融不同于其他行业，一国金融业的稳定与否直接影响国家的安全与稳定，金融行业法律规制的本质就是控制风险。大数据时代金融业正在进行数字化转型，数据成为发展金融业务的核心要素。金融业以海量的个人数据为基础，依据大数据分析等信息技术手段对客户的消费习惯、购物习惯、行为习惯和信用记录等进行精准画像，为各种金融营销服务和风控模型奠定基础。但是，海量数据融合带来的未知，算法黑箱的客观存在，云计算、区块链等信息技术的安全隐患等，在提升个人数据价值的同时也导致因数据处理衍生的风险与日俱增。金融机构个人数据处理风险也成为金融业在大数据时代必然要面临的新的风险种类。因此，有必要明晰金融机构个人数据处理风险的基本类型，剖析其风险背后的生成逻辑，对金融机构个人数据处理进行有针对性的法律规制，才能最终实现保护金融消费者权益，控制金融风险的法律规制目的。

---

① See Baldwin R D，Cane P，Workshop W. Law and Uncertainty：Risks and Legal Processes. Kluwer Law International，1997：1-2. 转引自赵鹏. 风险社会的自由与安全——风险规制的兴起及其对传统行政法原理的挑战. 交大法学，2011，2（1）：44.

3.1 金融机构个人数据处理中的风险类型

3.1.1 金融消费者层面——数据权益侵害风险

大数据时代意味着对数据最大限度的挖掘和最高效率的利用，在金融领域则表现为对金融消费者数据的分析和加工。在金融市场中，金融消费者无论是作为存款人、投资人还是投保人等，基于金融服务的要求或者反洗钱等国家安全需要，都必须将个人数据提供给金融机构，这些个人数据是金融市场运行和金融安全的基石。金融机构个人数据来自金融消费者，具有人格属性和财产属性，金融机构不能随意处分，金融消费者享有对个人数据的决定权、知情权、保密权、异议、更正及删除权等。[①] 但是，个人数据带来了巨大的商业价值和管理效率，使得金融机构天然具有扩张使用个人数据的倾向，对金融消费者个人数据权益侵害存在潜在风险。

首先，对金融消费者的个人数据决定权的侵害。金融消费者有权要求金融机构必须征得本人同意之后才可处理个人数据，金融消费者有权决定个人数据是否被金融机构处理，以及如何被处理。金融消费者对个人数据决定权的行使方式主要是"同意"。金融机构处理个人数据的过程中，对金融消费者决定权的侵害主要集中在收集、使用和披露环节。第一，收集环节，超范围收集个人数据已经成为金融机构的常态，中国消费者协会曾经对100款App的个人信息收集及隐私侵害情况进行测评，超过九成App存在过度采集的情况，银行及金融机构在这方面的问题最为严重。[②] 大数据时代，数据传感器的增加，使个人数据在消费者毫不知情的情况下被采集，也加大了侵害金融消费者决定权的风险。第二，利用环节，金融机构

---

① 邵朱励. 个人金融信息权的民法保护研究. 博士学位论文，安徽大学，2016.
② 涉嫌超范围采集个人隐私，多家银行已完成整改［EB/OL］. https：//xueqiu.com/2904895572/138959113/2021-01-01.

超出原始目的范围处理个人数据须征得本人同意。实践中，金融机构收集个人数据超出授权目的进行转让、预测分析的情况时有出现，如金融机构利用个人数据进行电话营销、广告营销等。金融机构个人数据的二次利用应该限定在金融消费者授权的范围内。第三，披露环节，金融机构有为客户保密的义务，不得随意向第三方披露，这是金融业的立足之本。但是，未经许可披露个人数据的行为屡见报端。可见金融消费者对个人数据处理的决定权并不是绝对的，侵害风险的边界模糊是产生风险的重要原因。

其次，对金融消费者的个人数据知情权的侵害。金融消费者有权要求金融机构告知本人其个人数据处理的范围、方法和目的。金融消费者个人数据知情权是行使决定权、保密权、异议、更正及删除权的前提。只有知晓个人数据的处理情况，金融消费者才能有效行使决定权、保密权和异议、更正及删除权。金融消费者个人数据知情权主要由两方面构成：一方面金融消费者有权要求金融机构公开其个人数据处理的政策和做法，另一方面金融消费者有权查询有关个人数据的处理情况并获得相关数据权益。金融市场是信息明显不对称的市场，金融消费者一旦提供个人数据，就丧失了对个人数据的控制，作为数据控制者的金融机构有义务告知金融消费者个人数据的处理情况。但是，在实践中，金融机构往往利用冗长的隐私协议，使得金融消费者在不充分知情的情况下授权，或者金融机构为了节约成本，在改变个人数据用途时，不告知金融消费者等，这些情况都是对知情权的侵害。

再次，对金融消费者的个人数据保密权的侵害。金融消费者有权要求金融机构对个人数据保密，不得向第三方披露，需要向第三方披露的，必须经个人数据主体同意，或者法律另有规定的除外，相关要求在个人数据决定权中已经提到，不再赘述。个人数据保密权重点强调的是金融机构对个人数据的安全保障。金融机构收集的个人数据不同于一般个人数据，金融机构个人数据涉及金融消费者自身的资金安全，敏感度高，识别性强，一旦泄露，金融消费者就面临着遭遇人身伤害或财产损失的风险。实践中，金融机构个人数据泄露的风险无处不在，金融机构应该采取各种安全保障措施，防止个人数据泄露。

最后，对金融消费者的个人数据异议、更正及删除权的侵害。金融消费者有权对个人数据的质量提出异议，如果异议合理，有权要求金融机构更正、完善或在合适的情况下删除数据。具体而言，金融机构有义务保证个人数据的相关性、完整性、准确性和及时性。"相关性"要求金融机构收集的个人数据必须与数据处理的目的相关，不得过度收集。"完整性"要求金融机构收集的个人资料完整且无遗漏、全面且不带有主观偏见。"准确性"要求个人数据必须与实际情况高度一致，不允许有偏差。"及时性"要求收集的个人数据应及时更新。一旦出现上述问题，金融消费者有权提出异议，要求更正或删除。实际上，金融消费者行使更正权和删除权非常困难。

总之，金融机构个人数据属于个人数据中的敏感数据，其处理的最直接的风险就是对金融消费者个人数据权益的侵害。保护金融机构个人数据权益与促进金融机构个人数据流通，两者并不是此消彼长的矛盾关系，从长远看二者是正相关的关系，只有做好个人数据的权益保护，增加金融消费者的信心，金融消费者才有意愿提交个人数据供金融机构使用。

3.1.2 金融机构层面——数据合规风险

合规风险（Compliance Risk），巴塞尔银行监管委员会发布的《合规与银行内部合规部门》中规定，"合规风险"通常是指金融机构没有遵守法律法规、监管要求、部门规章等各种行为准则，而可能遭受法律的、行政的、经济的或声誉的损失。数据合规风险，就是指金融机构处理数据违反法律法规及相关的监管要求而遭受的经济损失或声誉损失。金融机构个人数据处理过程中的数据合规风险主要表现为两个方面：数据来源的合规风险；数据处理行为的合规风险。

3.1.2.1 数据来源的合规风险

金融机构个人数据的来源有两种，一种是直接来源，主要是金融机构在开展金融业务过程中直接采集的个人数据。直接获取的个人数据的合规风险主要表现为金融机构采集数据的方式是否合规，收集个人数据的范围是否合规，是否收集了法律所禁止收集的数据等；还有一种方式是金融机构利用技术手段获取个人数据。金融科技公司普遍使用两种方式来获取用户的金融数据，分别是屏幕抓取方式以及应用编程接口。① 屏幕抓取方式是指，消费者为享受某种产品或服务提供金融账户给金融科技公司，金融科技公司获取消费者的金融账户登录授权，并登录消费者的账户获取消费者的账户数据、交易数据等，甚至发送请求执行金融交易。这里存在两个问题，一是消费者大多数情况并不知晓自己授权的是登录金融账户，二是采用账户密码登录，金融机构并不确定登录的是消费者本人还是金融科技公司，存在数据采集不合法的风险。应用编程接口就是金融机构使用 API进行数据共享，这种方法虽方便快捷，但也存在共享的数据是否经过消费者授权，是否在授权的范围内使用等问题，存在个人数据来源合法性的风险。

另一种是间接来源，这里的间接来源主要指的是从第三方机构获取的个人数据。实践中，金融机构从第三方机构获取个人数据的合法性问题频发，已经受到监管部门的高度关注。目前市场上很多金融科技公司，窃取、滥用和非法买卖消费者个人数据，或者在后台利用爬虫程序爬取数据，然后将这些数据标准化后提供给金融机构，金融机构在一些金融业务中，如"助贷""联合贷"等，严重依赖这些合作机构提供的数据，如果金融机构对这些数据审核不严，极易造成非法获取的消费者个人数据流入金融机构，其风险也相应地传至金融领域，存在重大的安全隐患。金融机构个人数据是网络时代新的生产资料，防范数据来源风险，一方面保障数据的来源合法，另一方面防止使用源头被非法收集行为"污染"数据。

3. 1. 2. 2 数据处理行为的合规风险

数据处理行为的合规风险是指金融机构个人数据处理行为是否遵守法律法规的相关规定产生的风险。金融机构个人数据处理行为包括收集、分析、共享和传输等内容。金融机构个人数据处理问题是随着大数据时代的发展产生的新的法律问题，个人数据的权利边界不清，相关的法律规定原

---

① 刘倩. 金融科技数据风险监管的国际经验及借鉴. 新金融，2019（10）：53-58.

则性强，可操作性差，在具体的金融场景下，个人数据处理行为的各个环节面临很多合规风险。如数据收集行为，收集的个人数据范围是否合规，收集的方式是否合规，是否征得用户的同意，是否存在强制授权或者一揽子授权的情况；数据分析行为，数据分析的目的是否超出用户合理授权的范围，预测性分析是否引发对消费者的歧视差别对待；数据共享行为，数据共享是否在用户的授权范围内，是否需要再次征得用户的同意，征求同意的方式是明示还是默示等。

金融与科技的融合，使得金融业务的开展严重依赖金融机构个人数据的处理，与个人数据处理相关的法律法规众多，包括《消费者权益保护法》《民法典》《网络安全法》《数据安全法》《征信业管理条例》《商业银行法》《中国人民银行金融消费者权益保护实施办法》等。数字金融时代，数据合规风险不容小觑，稍有不慎就会违反相关规定，比如某支付平台账单事件，即该支付平台在节日里发送消费账单，在客户点击页面，设置格式合同，客户点击即表示同意将其消费信息传送给该支付平台，之后该支付平台受到了主管部门约谈。数字金融时代，个人数据资源成为金融机构竞争最重要的资源，而个人数据的不法使用不仅不能提升竞争力，还会使金融机构陷入危险或危机。因此，金融机构个人数据合规最重要的，就是对金融机构个人数据处理的每一个环节的法律风险作出判断，并合理规避不必要的风险。

3.1.3 金融系统层面——数据安全风险

互联网、云计算、区块链等信息技术与金融的结合，使得传统金融业务逐渐数字化、智能化、技术化，金融领域迈向数字金融时代。数字金融时代，金融机构开展金融业务主要依赖于金融数据的处理，而金融机构个人数据处理既依赖于机器、光纤等硬件设施，也依赖于算法、代码等软件设施，所有这些硬件设施和软件设施中的任一环节出现漏洞或失误，都会直接导致数据安全风险。金融是经济发展的血液和重要支撑，金融数据安全风险，一旦处理不当，就会带来毁灭性打击。金融机构个人数据处理业务链条的加长、云计算模式的普及、自身系统复杂度的提升以及对数据的不当利益，都增加了金融数据处理的风险敞口。

金融机构个人数据处理过程中主要是个人数据泄露引发的数据安全风险。相关部门曾经对数据泄露事件做过调查统计，金融数据泄露问题一直排名靠前。① 造成金融数据泄露的原因主要有以下几个方面：一是内部原因。部分金融数据泄露是金融机构内部员工造成的，有的是故意泄露，有的是过失泄露，无论是故意还是过失，归根结底都与金融机构内部管理不善有很大的关系。近些年，媒体持续爆出金融消费者个人数据遭泄露的事件。二是外部原因。危险主要来自外部的网络攻击。金融机构个人数据准确度高，识别性强，一直以来受到各方的觊觎，如为了刺探国家机密的外国间谍组织，为了获取高额利润的黑市商家等。从攻击的手段上看，有的利用金融数据系统的安全漏洞窃取数据，有的利用盗取的消费者账户密码信息，采用拖库或撞库的方式窃取数据等。总之，外界对金融数据的强烈欲求，使得金融机构个人数据的安全形势尤为严峻。三是技术操作引发的数据泄露。金融机构个人数据的处理过程依托于人工智能、区块链、云计算、大数据、移动支付、物联网等技术，在开发、调试、应用等各阶段都可能由于技术错误、开发环境、运行环境、业务逻辑等问题造成数据泄露，进而引发信息安全风险。如金融机构利用云存储技术储存大量个人数据，但是，现阶段云计算中的信息保护与其内在的风险等级是不相称的，存在数据安全隐患。实践中，金融机构受现有技术水平的限制，通常情况下，把金融机构个人数据处理业务外包给第三方科技公司或平台型信息公司处理，一旦第三方服务公司或平台出现技术错误，就会放大金融的外部风险，甚至引发系统性风险。

---

① Verizon：2018 年数据泄露调查报告（DBIR）．［2020-08-24］．http：//www.ankki.com/AboutNewsDetail_84_2666.html. 美国电信巨头 Verizon 发布了 2018 年数据泄露调查报告（DBIR），报告中指出金融行业在各行业中数据泄露的问题排行第三。

3.2 金融机构个人数据处理风险的生成逻辑

3.2.1 金融机构个人数据处理中的多元利益格局

数据技术的发展使得数据价值被充分挖掘出来，数据成为重要的资源，促进整个社会经济的迅速发展，个人数据附着的利益也更加丰富。金融机构个人数据处理中涉及多个利益主体和多元利益，组成复杂的利益格局，不同利益主体之间的利益冲突是造成金融机构个人数据处理风险的最根本原因。

3.2.1.1 金融消费者的个人利益

个人利益又被称为个体利益、私人利益、当事人之间的具体利益，它是指在特定条件下个体生存和发展的各种需要，是个人生活中以个人生活的名义提出的各种要求、需要和愿望。① 金融机构个人数据来自金融消费者，金融消费者对于个人数据既有人格利益的诉求，也有财产利益的诉求。

第一，金融消费者的人格利益。个人数据是能够识别到个人的数据，可以将个人数据视为人的组成部分，因此不能像对待客体那样随意处理个人数据。② 因为个人数据存在主体的权利和利益，所以，个人数据需要得到法律的保护。所谓的主体权利，是指人作为主体应得到尊重、自主决定、平等对待（属于公民基本权利范围），在私法层面为个人人格利益。个人数据在某种程度上体现了主体的数据化人格，数据控制者在处理个人数据时应从维护数据主体的人格利益出发，尊重个人的人格尊严和自由。

从个人的人格利益出发保护个人数据的理论基础已被我国法律所确

---

① 梁上上. 利益的层次结构与利益衡量的展开——兼评加藤一郎的利益衡量论. 法学研究，2002（1）：56-57.

② 高富平. 个人信息使用的合法性基础——数据上利益分析视角. 比较法研究，2019（2）：74.

认，2020 年《民法典》将个人信息归入"人格权"编，个人信息与"隐私权"并列，说明两者之间不是涵盖关系，而是两个独立的人格权，保护不同的人格利益。从这个角度说，我国立法偏向于欧盟的保护路径。但是法条文本中未采用"个人信息权"的表述，因此，将个人信息保护视为权利保护还是法益保护，学术界至今依然争议不断。

金融机构个人数据是个人数据在金融领域的细化，金融机构个人数据主要包括金融机构通过开展业务或者其他渠道获取、加工和保存的自然人信息。这些个人数据反映了数据主体的财务状况、信用状况、消费状况等，承载着个人的人格利益，可以将其称为数据主体的"金融人格"。

金融机构由于行业的特殊性，历来就有为消费者信息保密的义务，有学者将其称为金融隐私权①，金融消费者隐私权起源于英美国家，英美国家最早通过判例法确立了金融消费者隐私权，法院普遍认为银行对客户负有金融隐私权义务，而这种义务被视为银行与客户之间的默示条款义务。②该义务要求银行必须保护个人客户的金融消费者隐私权，未经客户同意或授权，无论有没有合法理由，银行都不得泄露个人客户的账户、交易记录以及其他相关金融信息。与传统隐私权一样，金融隐私权本质依然是保护人格利益，即保护金融消费者的人格权，如自由、尊严及维护自身生活安宁等。但是，随着数字金融时代的到来，有学者指出金融隐私权强调权利保护的私密性不利于金融数据的流动，而金融机构个人数据保护的目的是在保护与利用之间寻求平衡，强调数据的控制性、安全性和实用性，能更大化金融数据的价值，促进大数据时代金融业的发展。显然，金融业作为信息和数据流动最多的行业之一，在大数据的背景下，金融机构个人数据权利保护更符合时代的需求。③因此，消费者对于金融机构个人数据保护

---

① 党玺. 金融消费者隐私权法律问题研究——以银行业个人客户金融隐私权保护为中心. 法律出版社，2017：23.

② 谈李荣. 金融消费者隐私权与信息披露的冲突与制衡. 中国金融出版社，2004：9-10.

③ 张继红. 论我国金融消费者信息权保护的立法完善——基于大数据时代金融信息流动的负面风险分析. 法学论坛，2016，31（6）：93-94.

的利益诉求，不仅是对个人数据保密的利益，还包括消费者对个人数据控制和自决的相关利益。

第二，金融消费者的财产利益。工业时代，个人数据的价值主要在于记录，进入数字经济时代，个人数据的经济价值随着数据存储、挖掘、分析技术的提升与日俱增，个人数据的财产属性已经得到普遍认可。金融机构个人数据包括金融消费者的财务数据、交易数据、信用数据等，这些数据基本都具有财产利益。金融消费者实现个人数据的财产利益主要通过两种途径：一是直接财产利益形式，以让渡或交换的形式实现个人数据的财产利益。金融消费者为了换取金融产品或服务提交个人数据给金融机构，基于特定目的授权金融机构收集、存储和使用，金融消费者通过个人数据的利益获得一定的收益，如保障账户安全的利益、促进其购买产品的利益。这一系列的行为需要金融消费者对个人数据的处理、利用等权限进行处分，进而实现个人数据的财产权益。二是间接财产利益形式，通常指"通过授权他人利用自身的隐私提前获取在今后的具体交易行为中才能获得的财产利益（如因较高的信用等级所取得的更优厚的交易条件或贷款条件）"。① 金融业发展的基石是信用，个人信用数据是关于个人信用状况的数据。信用数据本质上解决的是金融市场信息不对称和逆向选择的问题。以个人信用数据构建的个人金融征信体系的作用就在于为金融机构之间提供一个平台，用于相互交换金融消费者信用信息，金融机构将本机构金融消费者的信用数据提供给个人金融征信机构，同时在自己需要时从征信机构处获取其他金融消费者的信用数据。通过金融消费者的信用数据，金融机构可以了解对申请人的特征、历史行为和当前债务风险的认识，对其贷款风险进行预判和评估，提高了金融机构在借贷关系中的谈判力，减少其坏账损失。金融消费者也可以凭借征信机构提供的个人金融信用报告获得授信方的授信，享受较为优惠的待遇，如贷款利率较低、贷款期限较长、贷款金额较高等。从这个角度看，金融消费者利用良好的信用获得的资金

---

① 王锐，熊键，黄桂琴．完善我国个人信用征信体系的法学思考．中国法学，2002（4）：85.

融通的便利和优惠是其直接从个人数据中获取的财产利益。

3.2.1.2 金融机构的财产利益

数字经济时代，个人数据的融合与共享能产生巨大的经济价值与战略价值，数据技术的发展、数据产品的开发，都依赖于个人数据的收集、存储、整理和利用。诚如有论者所指出的，"数据经营者所处理利用的数据集合之主要构成部分就是可社会化的个人信息"。[①] 金融业系资讯经济的重要一环，其赢家将属于那些擅长于管理客户个人资料且能适时提供客户所需产品的经营者。[②] 个人数据对金融业的发展至关重要，金融机构对个人数据享有财产利益。

金融机构对于个人数据享有财产利益可通过洛克的劳动财产理论与边沁的功利主义理论来解释。洛克劳动财产理论认为，人们对掺进自己劳动的东西可主张享有财产权，人们有权利享有自己行为所带来的利益。[③] 金融机构之所以享有对个人数据的财产利益，是因为金融机构投入大量的人力、物力、财力去收集、分析、处理个人数据，才使得数据的价值被充分挖掘出来，因为这些数据价值中凝结了金融机构无差别的劳动，因此，当其他企业或个人想利用这些数据时，必须支付合理的对价才符合公平正义原则。边沁的功利主义理论关注的是更广泛的大多数人的利益，而不仅仅是个人的利益。能产生巨大价值的个人数据成为金融机构相互追逐争夺的目标，如果不保护金融机构对数据的权利，市场上就会出现搭便车行为，打击金融机构在个人数据方面投资和创造的积极性。不仅影响金融产品的研发和金融服务的提供，也会给全体社会成员的福利带来影响。因此，关注个人数据的价值，应该从个人本位转向社会本位，为了社会大多数人的群体利益的提升，应该给予金融机构数据权益适当的保护，鼓励其开发利用个人数据，提升社会整体福利。

但是，金融机构只享有个人数据上的财产利益，个人数据上的人格利

---

① 龙卫球. 再论企业数据保护的财产权化路径. 东方法学，2018（3）：56.

② Kovacevich R M. Privacy and the Promise of Financial Modernization. The Region，2000（14）：26-29.

③ ［英］洛克著. 政府论（下篇）. 叶启芳，翟菊农译. 商务印书馆，2009：17-19.

益依然归个人所有。确切地说，金融机构享有的是对于合法收集的个人数据的使用和收益的权利。关于数据权利的保护，法律上并没有明确的规定。但是从《民法典》第127条的规定看，法律承认数据的财产属性。从司法实践看，法院主要依据《反不正当竞争法》第2条，将侵犯企业数据权益的行为视为不正当竞争行为，通过维护竞争利益来维护企业数据权益，这种保护力度是远远不够的，对于那些非法获取企业数据，但是未影响企业竞争利益的行为无法通过法律得到保护，针对这类问题已经引起理论界和实务界的高度关注。金融机构是个人数据的实际控制者，没有金融机构投入的大量人力、物力等，个人数据也无法实现增值，因此，保护金融机构对个人数据的合法权益，也是为了鼓励金融机构对个人数据的充分利用，促进数字金融的发展。

金融机构对个人数据的权益可以具体分为以下几个方面：其一，在征得金融消费者同意的前提下，金融机构可以合法地收集和占有个人数据。其二，必须在金融消费者授权的范围内使用和处理个人数据，一旦超出授权范围，必须再次征得金融消费者的同意。但是，当个人数据匿名化处理后，符合法律规定的标准无法识别到个人时，就可以无须征得数据主体的同意在法律规定的框架下对这些数据进行处理。其三，金融机构既有权要求数据侵权人停止侵害、删除非法数据，也可提出侵权之诉，要求侵权人承担侵害赔偿责任。[1]

3.2.1.3 金融机构个人数据的公共利益

"何谓公共利益，因非常抽象，可言人人殊。"[2] 公共利益的概念抽象且模糊，学术界并未对其内涵与外延达成一致意见。但是，公共利益是对社会全体成员利益的抽象与整合，作为一种独立的利益已经得到广泛的认可。

个人数据具有识别功能，直接识别和间接识别的数据都属于个人数据。识别就是将特定的个体与其他人区分开来。个人数据的识别功能决定

---

[1] 程啸. 论大数据时代的个人数据权利. 中国社会科学，2018（3）：102–122.
[2] 陈锐雄. 民法总则新论. 三民书局，1982：913.

了它的工具属性，一是标识自己；二是识别他人。在人类社会生活交往中，标识自己和识别他人是普遍的社会现象，个人需要向社会推介自己，得到他人和社会的认可，才能开展社会活动，与他人建立联系，因此需要不断地向外披露或者公开自己的身份，社会也需要收集和获取大量的个人数据来了解和判断某个人。因此，个人数据的工具性质，决定了它具有一定的社会性和公共性。

随着信息化社会的到来，海量的、多维度的个人数据的价值得到挖掘，各行各业充分利用个人数据释放出的价值推动行业的发展，如政府利用数据开展政务管理、安全防控；企业利用个人数据开展精准营销、产品研发等。个人数据的公共属性决定了它不应该是特定私人的权利对象，赋予个人对于数据的排他性控制权会阻碍数据价值的充分发挥。从这个意义上说，个人数据可以视为公共领域的重要组成部分。因此，个人数据的保护并不仅仅是关于个人的保护，还是关于个人数据所有利益主体的保护。

在金融领域，金融机构一直利用个人数据实现公共利益。无论是微观层面的反洗钱调查、犯罪调查，还是宏观层面的金融风险监管，都需要大量的个人数据。基于社会公共利益的需要，监管部门等公权力机构希望掌握更多的金融数据。在反洗钱、反恐怖融资、反逃税，以及个人征信中，金融机构个人数据在维护社会公共利益方面发挥重要的作用。

洗钱等犯罪活动的社会危害性极大，动摇了金融机构的信用基础，影响了金融市场的稳定，为违法犯罪活动提供了充分的资金支持，助长了腐败行为，干扰了国家司法机关的正常活动，破坏了有效的社会分配秩序，严重地损害了市场经济秩序。尽管洗钱等犯罪活动的手段多样，如走私货币、交易贵重金属、网上转账等，但是金融机构仍然是其进行犯罪活动的主要途径。出于维护社会公共利益的需要，在调查涉嫌洗钱、恐怖融资和逃税等违法犯罪活动时，金融监管机构和执法部门有权要求金融机构披露涉嫌洗钱的客户的全面资料，追踪客户资金来源及其变动情况，预防、查获、打击各种形式的犯罪活动。

在金融征信领域，个人金融信用信息既不是纯粹的私人信息，也不是企业的商业秘密，而是与市场交易秩序密不可分的准公共产品。信用是金融体系甚至整个社会规制体系运行的基石，信用规则不再是私人领域当事人之间的单一法律关系的内容，而是演变成一种社会规则，代表社会利益出现，为整个社会经济运行体系服务。因此，金融机构个人数据中的诸如个人的财产状况、收入与负债、纳税记录、违约守信情况等原本属于私人生活的数据，为了保证交易安全和满足市场经济发展的需要，必须向他人开放，稳定市场经济秩序。

金融机构个人数据也涉及国家利益。金融全球化已经成为大势所趋，伴随区块链、数字货币、移动支付、智能投顾等科技手段在金融领域的发展，不仅传统金融业务逐渐实现数字化转型升级，新型金融业务也在迅猛增长，数字经济时代金融业务的网络化连接逐步跨越了地域的限制，金融数据跨境流动的需求增加。金融数据跨境在推进金融业务向全球化纵深方向发展的同时，也给金融业带来了数据安全等风险。在数字化时代，金融数据是金融产品和服务的重要载体，已经成为金融机构的重要资产，也是国家基础性和战略性资源，其跨境传输与国家政治安全和社会稳定密切相关。金融机构个人数据是金融数据的最重要的组成部分，不仅涉及个人利益也涉及国家利益，一旦出现数据被泄露或被篡改等情况，就会给国家政治、经济与社会安全带来威胁，严重的可能造成国家机构的运转瘫痪。

此外，在大数据风控、金融监管等应用场景中，金融机构个人数据都体现一定的公共性。金融机构个人数据处理过程中，为实现数据的公共利益，必然会造成对个人利益的限制。

总之，金融机构个人数据的价值和利益具有多元性。个人数据保护最初来源于数据主体的人格尊严和自由利益，随着数据价值的提升，个人数据所具有的财产属性给金融机构带来具体的商业利益。在反洗钱、反恐怖融资和征信等领域，个人数据还承载着维护社会公共利益的使命。因此，金融机构个人数据法律制度的构建，需考虑多重利益和价值的实现。

3.2.2　金融机构个人数据利益主体之间的力量不均衡

在金融机构个人数据处理的过程中涉及金融消费者、金融机构和金融监管部门多个利益主体，利益主体之间的力量严重失衡。其中，金融消费者处于绝对的弱势地位，金融机构与监管部门在数据处理方面也呈现出严重的数据不对称问题。

金融消费者在个人数据处理关系中处于绝对的弱势地位。信息技术与金融的融合极大地促进了金融业的发展，使得越来越多的人享受到金融服务，金融科技在促进普惠金融实现的同时，并没有改变金融消费者的弱势地位，反而呈现出加剧的趋势。首先，金融交易关系中，金融机构居于主导地位。金融与科技的融合，使得金融产品的技术性和专业性越来越强，金融机构拥有大量的专业技术人才，加上自身日益完善的结构体系和运行功能，使其在金融交易中占据主导地位。金融消费者在接受金融服务时，必须同意并接受金融机构提供的格式合同的内容，否则就无法接受金融服务，无形中架空了金融消费者的自决权。其次，金融消费者与金融机构之间的信息不对称。金融消费者提供的个人数据完全由金融机构掌握，金融消费者实质上丧失了对个人数据的控制，对于金融机构如何处理个人数据，是否超出授权范围等情况无从得知。通常都是个人数据泄露后导致了严重的后果，金融消费者才会意识到问题的出现。最后，金融机构具有数据处理技术上的优势。一方面，金融消费者面对专业化的金融信息操作时能力不足，无法对自己的数据进行完全及合适的利用与预判。另一方面，金融机构利用技术优势，充分挖掘和利用个人数据进行精准营销、开发金融产品，会产生对金融消费者的不当歧视等损害消费者权益的行为。如保险公司因为掌握了投保用户的多维数据和保险特征的精准画像，使得被保险人处于劣势地位，甚至一部分人无法购买保险产品。因此，应该给予弱势的金融消费者群体特别保护，校正金融机构与金融消费者之间明显的不对等关系，实现利益均衡。

金融机构与金融监管部门之间存在的技术不对称和信息不对称的问题有的学者称为"数据不对称"[①]。其实质就是数据技术的发展加剧了双方的信息不对称，造成监管滞后。一方面，技术的不对称。金融机构数据技术

① 王作功，李慧洋，孙璐璐. 数字金融的发展与治理：从信息不对称到数据不对称. 金融理论与实践，2019（12）：25-30.

的发展领先于金融监管部门。个人数据能创造巨大的财富，金融机构为了提高竞争力掌握了海量的金融消费者的个人数据，并投入大量人力、物力、财力提高数据技术。在金融数据技术方面，金融机构具有人才优势、资金优势和数据积累的优势，而金融监管机构处于明显的劣势地位。另一方面，信息的不对称。技术的不对称加剧了双方的信息不对称，即使监管机构掌握大量的行业数据，包括部分实时交易数据，如证券交易数据，但是，金融数据处理的瞬时性、金融机构大数据的垄断和封闭性都决定了金融监管的滞后性。面对瞬息万变的金融机构个人数据处理，必须提高金融监管部门的大数据技术，否则，这种监管部门与金融机构之间的信息不对称会越来越严重。

金融机构与监管部门之间的信息不对称给传统金融监管带来很大的挑战，也让掌握大量个人数据的金融机构承担了更多的义务。因此，如何改变金融机构个人数据利益主体间利益不均衡的态势，给予利益相关方合理的保护，是构建金融机构个人数据法律制度的关键。

3.2.3 金融机构个人数据处理风险的扩散性

数字金融时代的重要特征是金融业务数据化，个人数据处理是金融的生命线。金融机构个人数据的安全不仅涉及个人利益，还涉及金融核心业务及金融服务的稳健运行，个人数据处理的微小疏漏在网络时代都有可能呈现杠杆效应，迅速扩散并引发系统性金融风险，甚至危及国家经济安全。金融机构个人数据处理风险的扩散性主要表现为数据处理的瞬时性、处理风险的隐蔽性和风险传导的系统性。

金融机构个人数据处理依托于信息技术，微小的技术漏洞都会引发数据安全风险。世界上没有完美、无懈可击的技术，金融机构个人数据处理技术也一样，其是人类制造的、并不断发展的技术。技术的不完备造成了金融数据安全方面的风险，黑客会利用网络安全漏洞实施网络攻击，或者植入木马病毒、发送垃圾邮件等威胁网络安全。金融数据处理对信息技术的高度依赖，使得金融机构个人数据存在被盗窃、被泄露、被篡改等风险，如果出现恶意网络工具，还会造成金融市场基础设施的不稳定，进而加剧金融数据传输的安全隐患。加之，金融机构个人数据处理链条长，不同数据处理主体的数据处理技术能力的差异，也是造成风险的重要原因。金融机构个人数据处理是个动态流转的过程，个人数据在不同的数据处理主体之间流转，数据处理主体之间的技术水平参差不齐，在数据处理的任何一个环节出现漏洞都会加剧数据安全风险。

金融机构个人数据处理技术的专业性和隐蔽性，也会产生不可避免的市场风险。金融数据算法处理除了依赖硬件，还依赖软件，算法是实现数据自动化处理的关键，但是算法的暗箱操作导致整个数据处理过程的透明度缺失，严重侵犯金融消费者的知情权，如果不对算法进行理性的干预，甚至会出现自动运行引发的技术失控状态。[①] 例如，在大数据征信中，金融机构个人数据处理基于大数据、云计算和人工智能等底层技术，借助算法将个人数据收集整理后进行自动化处理，其处理结果成为金融机构提供金融服务、研发金融产品、控制金融风险等的重要依据，如果数据处理出现微小偏差，或者算法在设计中存在细微缺陷，都会影响金融消费者的信用评级结果。在量化交易场景中，算法是基于消费者纯粹理性人的假设研发交易方案，而实际交易过程非常复杂，影响消费者做出交易判断的因素也非常多，一旦交易过程中出现意外事件、错误信息等情况，超出算法设计之初的预想，这些因素自动触发交易行为，其后果很可能是引发金融风险。[②]

数据处理的即时性及传导效应会导致系统性金融风险。数据高速且实时处理，能瞬间完成亿次级的运算并在网络迅速传播，其积极的一面是降低成本的同时极大地提高数据处理效率；其消极的一面是数据处理结果会迅速产生传导的连锁反应，造成风险的实时性。[③] 例如，2013 年 4 月 23 日，美联社某社交账号出现假消息"白宫被炸，奥巴马受伤"，触发了大

① ［美］弗兰克·帕斯奎尔. 黑箱社会：控制金钱和信息的数据法则. 赵亚男译. 中信出版社，2015：4-5.

② 袁康. 金融科技的技术风险及其法律治理. 法学评论，2021，39（1）：116-117.

③ Irene Aldridge，Steve Krawciw. Real-Time Risk：What Investors Should Know About FinTech，High-Frequency Trading，and Flash Crashes，John Wiley&Sons，Inc. 2017：126.

量对冲基金基于大数据的高频交易策略，金融市场的高频交易算法只识别文字，不识别真伪，自动做出抛售股票的反应，导致美国股市暴跌，在 3 分钟内，近 1360 亿美元在股市蒸发。金融领域本身就是高风险行业，数据处理的即时性和传导性加剧了金融风险跨行业、跨地域的传导，微小的技术漏洞或者错误处理，都可能迅速放大并扩散，进而引发系统性金融风险。① 因此，数据处理技术的发展在为金融业赋能的同时也衍生出新的金融风险，数据的实时高速处理加剧了金融市场风险的扩散效应，应注意控制数据处理引发的金融风险从量变到质变的快速升级，维护金融市场的稳定。

3.3 金融机构个人数据处理风险的法律规制模式

个人数据处理风险不是一成不变的，不同场景下个人数据处理风险处于不断的变动之中，因此，个人数据处理的法律规制不能脱离具体的场景而存在，鉴于金融场景下金融机构个人数据处理风险的复杂性，本书尝试用场景化的思路去探讨金融机构个人数据处理的法律规制模式。

3.3.1 个人数据处理法律规制的相关理论

梳理个人数据法律规制理论的发展，可以将其简单概括为从强调"独处"的隐私权理论，到强调"控制"的个人信息自决权理论，再到促进"共享"的场景理论。通过对不同阶段个人数据法律规制理论的剖析，可以深刻理解金融机构个人数据处理法律规制模式选择背后的理论基础。

3.3.1.1 隐私权理论——独处

个人数据处理的法律规制起源于隐私权的保护，1890 年，美国学者 Samuel Warren 和 Louis Brandeis 发表了《论隐私权》一文，将隐私权定义

---

① 杨东. 监管科技：金融科技的监管挑战与维度建构. 中国社会科学，2018（5）：69-91.

为"个人独处的权利"。① 隐私权诞生之初，主要是对抗公权力的监察和侵入威胁。但是隐私的定义并未在学理上形成统一的观点，内涵和边界一直存在争议。如何判断是否侵犯隐私，美国法院在 Smith v. Maryland 案中确立了第三方原则，所谓第三方原则，即自愿泄露私人事务于第三方就不再享有隐私保护的原则。② 第三方原则是基于公共领域与私人领域的二分原则，将隐私严格限制在独处领域或者秘密状态下，侵害隐私只有侵害到私人领域才会发生。一旦超出私人领域，就不属于侵害隐私权。依照这个逻辑，对于主动将自己的私人事务暴露出来的，即被认为不继续对此享有隐私利益。但是，信息技术的发展让私人领域与公共领域之间的边界越来越模糊。

为了顺应时代的发展，美国法院不断对第三方原则做扩大解释。在 Smith 案中，法院将第三方原则应用到拨号记录器取得的个人信息上，法院认为用户使用拨号器已经把个人信息置于公共领域，因而丧失了隐私利益，不受隐私权保护。③ 随着互联网时代的到来，在 Forrester 案中，美国最高法院第九巡回法庭认为 IP 和 E-mail 地址等同于电话号码，置于公共领域，用户不具备隐私的合理期待。互联网用户"应当知晓这些信息将借由第三方设备进行传播"④。按照这个逻辑推演下去，电子邮件也是用户自愿交由第三方传输，用户应对其内容自行承担被暴露的风险，进一步说明任何暴露于第三方视线的秘密行为，个人都不享有隐私利益。这一结论明显不符合人们对隐私利益的期待，受到了诸多的质疑和批评。第三方原则试图在公共领域和私人领域划出清晰的界限，但是在网络环境下，信息的

---

① Samuel D. Warren & Louis Brandeis. The Right to Privacy. Harvard Law Review. 1980, 15 (5): 193-220.

② On Lee v. United States, 343 U. S. 747 (1952); Lopez v. United States, 373 U. S. 427 (1963); Lewis v. United States, 385 U. S. 206 (1966); Hoffa v. United States, 385 U. S. 293 (1966) [DB/OL]. https://supreme. justia. com/cases/federal/us/2019-12-12.

③ Smith v. Maryland, 442 U. S. 735 (1979) [DB/OL]. https://supreme. justia. com/cases/federal/us/2019-12-12.

④ Forrester v. United States, 512 F. 3d 509 (2008) [DB/OL]. https://supreme. justia. com/cases/federal/us/2019-12-12.

传播方式和途径发生了很大的改变，公共领域和私人领域之间无法做出清晰的界分，鉴于以上困难，从个人权益出发，强调个人对信息控制的信息自决权兴起。

3.3.1.2 信息自决权理论——控制

美国的 Westin 在其所著的《隐私和自由》一书中提出信息控制理论，他认为，隐私权是指个人、团体或社团自主决定关乎自身的信息何时、以何种方式以及在何种程度上传达给他人的一种权利。[①] 信息控制理论增加了个人对信息的控制，扩大了隐私权的内涵，隐私不再是消极意义上的独处或者不受打扰的权利，而是主动积极地控制个人信息的权利。强调个人对信息控制的理论并不仅限于美国，德国 1984 年联邦宪法法院的"人口普查案"将个人信息自决权归类为一般人格权，并以其作为判决论证的基本出发点。[②] 该理论得到很多学者的拥护，王泽鉴先生甚至认为，现在的隐私权法律体系已经变动为"以个人信息自主权为中心的法律体系"。[③]

信息自决权理论不再严格划分公私领域的界限，而是从个人基本权利角度出发，强调保护个人对信息的主动控制，个人信息保护逐渐取代隐私判断成为现代立法的选择。但是这一理论看似简化了隐私利益公私二分的判断标准，却带来了更多的矛盾。首先，个人数据概念具有模糊性，个人概念的泛化导致所有的个人数据都同等重要。因为所有的个人数据都与个人的人格塑造有着千丝万缕的联系，对所有可能侵害到人格尊严和人格发展自由的数据都视为个人数据，明显不符合数字经济发展的趋势。其次，人具有社会性，在某种意义上，个人数据是人们交流的工具，依靠数据来标识自己和了解他人，强调个人对个人数据的绝对控制是不现实的。权利没有边界和自由没有限制是一样的，看似有用实则无效，强调个人对数据的控制，只能限制数据的流动。再次，个人数据具有公共属性和社会功

---

① Alan F. Westin, Privacy and Freedom. New York：Athenum, 1967.

② 杨芳. 个人信息自决权理论及其检讨——兼论个人信息保护法之保护客体. 比较法研究，2015（6）：26-29.

③ 王泽鉴. 人格权的具体化及其保护范围·隐私权篇（中）. 比较法研究，2009（1）：1-20.

能，无法被排他保护所涵盖。① 个人信息自决权从个人利益出发，将个人利益与公共利益对立，由此带来个人数据保护与利用之间的二元悖论。最后，从个人信息自决权出发实施的"知情同意"保护框架运行效果欠佳，个人信息知情选择权实际上被架空。

回顾隐私权理论和个人信息自决权理论，对于个人数据的法律规制，重要的不是"私人领域"与"公共领域"的边界，或"个人信息"与"公共信息"的区分，而是信息价值能否按照特定社会规范在不同情境中被合理使用。② 个人数据法律规制应明确的前提是，个人数据不是属于个人的数据，而是关于个人的数据。个人信息并非一项为个人创设的权利，而是规制个人与公私机构在个人信息流转过程中的利益关系，对政治的发展、信息社会的构建，都有着至关重要的意义。③ 目前，理论界的主流观点已经放弃了对隐私和个人数据边界的清晰界定，逐渐转向关注数据使用过程、以场景为导向的动态规制框架。

3.3.1.3 场景理论——共享

美国学者预测"互联网将进入新的时代——场景时代"④。将"场景"这一概念与个人数据关联起来的是美国教授尼森鲍姆，他提出的"情境脉络完整性"理论认为，信息的处理与场景密切相关，脱离具体的场景对信息的传播做抽象的价值判断是不现实的，保护隐私就是保护信息传播情境的一致性。大数据时代，数据的传输方式、使用方式越来越复杂，学者们逐渐意识到个人数据的保护边界不是静态的、固定不变的，而是动态的、受到多种因素影响的，不同场景下，个人数据合理使用的边界不同。与隐私权理论和个人信息自决权理论相比，该理论不再从隐私、个人数据等抽

---

① 高富平. 个人信息保护：从个人控制到社会控制. 法学研究，2018，40（3）：84-101.

② 倪蕴帷. 隐私权在美国法中的理论演进与概念重构——基于情境脉络完整性理论的分析及其对中国法的启示. 政治与法律，2019（10）：149-161.

③ 孔令杰. 个人资料保护的力量和利益平衡论. 理论月刊，2010（2）：121-124.

④ ［美］罗伯特·斯考伯，谢尔·伊斯雷尔. 即将到来的场景时代. 赵乾坤，周宝曜译. 北京联合出版社，2014：6.

象的概念或定义出发，而是引入场景作为理解个人数据的新维度，将个人数据与使用场景联系在一起，注重个人数据处理过程的动态规制；不再单向地从个人权利出发，强调个人对数据的控制，而是以社会整体利益作为考量，在利益平衡的基础上，着重规制在不同场景下个人数据的"合理使用"，防止个人数据被滥用，使个人数据的法律规制合目的、合比例，降低规制的对抗成本。

以该理论为基础，有的学者将场景完整性理论和风险管理理论融为一体，即"场景与风险导向理论"①。本书认为，该理论的主要贡献是引入"场景"作为个人数据"合理性"使用的考量因素，使用"场景理论"一词更具有包容性。与隐私权理论和个人信息自决权理论相比，场景理论更契合大数据时代个人数据处理法律规制的需求。

第一，场景理论体现了利益平衡的原则。将个人数据处理合理与否放到场景中进行衡量，体现了场景理论中基于利益平衡，兼顾多方利益主体的思路。契合了沃尔泽提出的多元正义理论的内涵，多元正义主张对于不同物品的分配，不同领域有不同的分配标准，应根据不同领域的标准做出正义与否的评价。同理，个人数据流通应考虑场景的影响因素，应在不同的场景下评估个人数据使用的合理性。也可以将场景理论做社群主义理解②，个人的社会性决定了其不能脱离社群而存在，社群主义主张将个人"幸福"融合于人类社群之中，认为自我以其所在社群决定。个人数据处理的合理性判断标准也应放到特定的社群中理解，其判断标准要符合特定社群对于个人数据处理的合理预期，兼顾个体正义和整体正义。无论是多元正义还是社群主义，场景理论都是基于平衡原则，在个人数据保护与利用中寻求个人利益与社会利益的动态平衡。

第二，场景理论蕴含了动态调整机能。③ 数字经济时代，个人数据处

①　范为．大数据时代个人信息保护的路径重构．环球法律评论，2016，38（5）：96-100.

②　丁晓东．个人信息私法保护的困境与出路．法学研究，2018，40（6）：204.

③　何鋆灿．数据权属理论场景主义选择——基于二元论之辩驳．信息安全研究，2020，6（10）：927-928.

理是个动态的过程。传统隐私理论强调的公私二分法，力图在公共领域与私人领域划出清晰的界限控制风险，是一种静态调整的规制逻辑。而场景理论强调的"场景公正性"，是根据不同场景下，不同的数据主体、不同的数据类型以及不同的数据传输原则等综合判断个人数据处理的合理性，是一种动态调整的规制逻辑。数据类型的多样性、数据主体的多元性、数据应用场景的特殊性等决定了数据处理法律规制的复杂性，场景理论的动态调整机能更为适宜。

第三，场景理论契合了数据共享的理念。数据能产生巨大的经济价值，被称为 21 世纪的"石油"。数据的融合与共享是大数据时代经济发展的大势所趋，过于严苛的个人数据保护会阻碍数据的流动。无论是强调独处的隐私权还是强调控制的个人信息权，在某种程度上都是通过限制数据的流动实现权利保护，与数据共享理念背道而驰。场景理论认为个人数据应适当流动，将个人数据处理的合理性放到具体的场景中考量，兼顾多方利益，其实质是一种数据共享的理念，让更多的利益主体在适当的范围内使用个人数据，充分发挥个人数据的价值，进而促进整个社会福利的发展。

3.3.2 金融机构个人数据处理风险的公共性及规制逻辑

梳理我国现有的关于个人数据的相关法律规定，呈现出明显的个人数据权利化倾向。从立法上看，《民法典》将"个人信息"列入人格权编，并赋予自然人一系列个人信息保护权能，如《民法典》第 1035 条、第 1037 条规定的"信息决定权""信息删除权""信息更正权"等，体现了法律将其视为一项独立的民事权益进行保护。从保护手段上看，将"知情—同意"原则视为收集和处理个人数据的唯一合法依据，并且不区分个人数据类型，实行统一保护，体现了法律注重维护自然人对个人数据的控制。由此可见，当前的立法规范本质上是在权利思维的框架下进行的制度构建，以"信息自决"为基本理念，试图在个人信息之上构建一种"控制性的信息权利"，并以"知情—同意"机制作为个人信息保护的实现路径，强调个人数据权利的防御性功能，这种赋权保护模式在金融领域适用的过程中面临着巨大挑战。首先，在权利规范逻辑上，个人数据权利的排他性与金融机构个人数据的公共性相悖。金融机构个人数据被广泛应用于金融产品开发、信用管理、风险控制等场景中，为了维护公共利益，金融消费者对个人数据的控制权必须受到一定的限制。其次，在制度功能上，以意思自治和主体平等为基础的赋权保护模式无法应对金融机构个人数据处理面临的系统性、复杂性的数据安全风险。最后，在规制效果上，金融消费者与金融机构之间实力悬殊，再加上数据技术的深度应用，使得监管部门、金融机构与金融消费者之间存在严重的信息和技术的不对等，赋权保护模式无法为金融消费者数据权益提供行之有效的保护。

之所以出现上述的局限性，根本原因是金融机构个人数据处理风险已经溢出"私域"进入"公域"，建立在个人主义基础上的个人数据控制权无法解决个人控制与社会化利用之间的矛盾。金融机构个人数据处理风险本质上就是因科学技术发展到一定程度而产生的社会风险，其具有明显的公共性。

首先，金融机构个人数据处理风险具有公共风险的特性。美国学者彼得·休伯（Peter Huber）将现代社会中的风险分为公共风险和个人风险。所谓公共风险，就是那些"集中或者批量生产、广为流通，且绝大部分都是处在单个风险承受者理解和控制之外、威胁到人类的健康和安全的风险"。个人风险是"那些分散制造的，地方化的，可受个人控制，或者是来自本性的风险"①。两者最大的区别是个人对风险的可控性。数字经济时代，金融机构个人数据风险已经超出个人控制范围，具有公共风险的特征，从风险来源看，金融机构个人数据风险来源具有广泛性，有来自金融机构内部的风险，也有来自金融机构外部的风险，有人为的风险也有技术的风险；从损害结果看，数据分析和挖掘技术的不断拓展，分析结果的不可预测性带来了损害结果的不确定性；从侵害对象看，金融机构个人数据风险建立在海量的金融机构个人数据基础上，其侵害对象具有随机性和广

---

① Peter Huber, "Safety and The Second Best: The Hazards of Public Risk Management in the Courts", 85 Colum. L. Rev. 277, 277 (1985): 278.

泛性。通常情况下，对风险的治理有两种进路，一是市场，二是政府，对应到法律制度上，就是事后的侵权法和事先的政府规制。① 对于个人风险，采取侵权法规制路径，通过个人实施侵权诉讼控制风险；对于公共风险，则适宜采用政府规制的路径，通过设定准入门槛、行为标准、强制披露信息等方式控制和减少风险。

其次，金融机构个人数据处理风险产生负外部性问题。外部性是指"当一个人的行为给其他不相关当事人带来成本或者利益，但是该个体在作出决定时并没有将这些外部影响考虑进去时，外部性就产生了"，外部性分为正外部性和负外部性。从"成本收益"角度看，正外部性就是社会成本小于个体成本，社会收益大于个人收益，负外部性与之相反。从经济学角度，金融机构个人数据处理行为具有明显的负外部性。大数据技术的发展，对海量的金融机构个人数据的融合与分析，给金融机构带来巨大的经济效益，在利益的驱使下，金融机构天然具有扩张使用个人数据的意愿，不可避免地会带来个人信息泄露、隐私侵害、数据不当使用乃至数据垄断或数据滥用等负外部性问题。当金融消费者对自己的个人金融信息普遍处于担心状态，金融消费的欲望会受到遏制，导致金融体系赖以建立的信任基石岌岌可危。此种风险带来的社会成本远高于金融机构对个人数据扩张使用带来的社会收益。对于金融机构个人数据风险产生的负外部性问题的处理，单靠市场的力量难以协调个人与金融机构之间的利益平衡，只能通过政府从公共利益出发建立相关的法律制度来衡平这种利益冲突，采取行政规制的方法，限制或禁止产生负外部性的行为，通过司法救济责任制度的设计，将负外部性内部化等方法，解决金融机构个人数据风险的负外部性问题。

最后，金融机构个人数据风险带来负内部性问题。金融机构个人数据风险也会带来内部性问题。史普博（1989）将内部性定义为"由交易者所

---

① 傅蔚冈. 对公共风险的政府规制——阐释与评述. 环球法律评论，2012，34（2）：140.

经受的，但没有在交易条款中说明的成本或效益"。① 内部性的存在使得交易参与者不能获得交易的全部潜在收益，出现交易一方对另一方所应获得潜在收益的攫取，或者将其应承担的成本在对方不知情的情况下转嫁给对方。② 负内部性问题，在某种程度上是交易双方信息不对称产生的成本，由于内部性问题无法在交易合约中反映出来，因此不能用市场价格来衡量其大小。金融交易关系中，金融消费者与金融机构处于信息严重不对称的地位，金融机构通过对金融机构个人数据的分析与利用，赚取全部由此产生的收益，而消费者用个人数据去换取金融服务，被动接受金融机构的格式条款，对于金融机构后续如何利用个人信息，采用何种算法分析个人数据，个人数据的流向及应用场景全不知情，承担隐私侵害的风险。由于双方无论是技术方面，还是金融专业知识方面都实力悬殊，通过侵权法和合同法的保护路径，难以实现隐私保护的目的。因此，需要监管机关的介入，通过设定标准或者强制金融机构信息披露等方式解决内部性问题。

面对金融机构个人数据处理风险的公共性，如何规避风险，是数字金融时代金融机构和金融消费者的普遍诉求。面对复杂的数据处理风险，单个人或组织的能力有限，需要国家承担更多的保障职能。法律是调整行为和社会关系的规则，金融机构个人数据处理行为与社会关系发生变化，相应地对金融机构个人数据处理风险的法律规制逻辑也产生了重大改变。

第一，金融机构个人数据处理风险法律规制从个人控制到社会控制。金融机构个人数据处理风险的公共性需要国家通过公法管制手段来控制。一方面，金融机构个人数据处理风险具有技术性，私人自治已经丧失话语权，风险制造者是资金和技术都很雄厚的金融机构，风险承受者是普通的金融消费者，双方实力悬殊，难以进行平等的协商、谈判和自我防控。这就意味着，私人自治难以应对现代风险，风险控制从私人事务转化为社会公共事务，需要国家通过公法管制手段解决。另一方面，金融机构个人数

---

① ［美］丹尼尔·F. 史普博. 管制与市场. 余晖，何帆，钱家骏，周维富译. 上海三联书店，上海人民出版社，1999：64.

② 何立胜，杨志强. 内部性·外部性·政府规制. 经济评论，2006（1）：141-147.

据处理风险潜伏期长不易被发现，因果关系复杂难以预测，个人难以通过人体感官识别风险，也无法通过提高自身的谨慎来控制风险。这与传统社会私人可以识别和控制的风险非常不同，对于个人可以识别和控制的风险，法律只需构建合理的产权制度，由双方自由协商解决即可，因此私法自始至终是控制私人风险的基本法理。对于具有公共风险特质的现代风险，迫切需要国家干预，风险规制成为国家责任，并需要运用技术和法律手段进行综合治理。

第二，金融机构个人数据处理风险法律规制从个人利益到公共利益。社会控制的核心就是构建一套符合金融行业发展的数据保护体系，其出发点是金融体系的整体利益，而不是某个人或某个金融机构的利益。其实质是建立金融机构个人数据流通秩序，强调对于金融机构个人数据在收集、处理与流通过程中的风险进行全方位的评估、预防和规制。"对个人数据来说，如果一个社群具有较为合理的信息与数据流通机制，那么侵犯隐私的情形就会大大降低。因为在这种社会中，信息的流通机制将会大致符合人们的日常预期。"① 由此可见，良好的数据流通机制，就是符合人们预期利益的流通机制，是在保护与利用中寻求平衡。建立金融机构个人数据流通机制，就是通过建立良好的数据处理秩序，在保护金融消费者权利的前提下促进金融机构个人数据的流通。当然，个人数据处理风险具有"两面性"，既具有积极的一面又具有消极的一面，是一种双向复杂的社会关系，受害者同时也是受益者，加害者同时也是受害者。因此，面对双面性的风险，法律难以做出泾渭分明的取舍，既不能"一禁了之"，也不能"放任自流"，而是在保护与发展之间权衡，追求社会利益最大化。因此，法律需进行立法权衡，将风险控制在合理的范围内。

第三，金融机构个人数据处理风险规制从个人责任到集体性治理。个人责任方式是通过实现个人正义，起到"杀一儆百"的作用，进而预防同类侵害再次发生，是一种间接控制风险的模式。传统的风险规制模式强调

---

① 丁晓东. 什么是数据权利？——从欧洲《一般数据保护条例》看数据隐私的保护. 华东政法大学学报，2018（4）：52.

追究个人责任，进行事后惩罚，较为典型的个人责任方式是刑法的刑事责任和民法的侵权责任。但是，在应对复合性和广泛性的风险时，这种风险预防模式存在局限性。一方面，金融机构个人数据处理风险的高度复合性，导致因果关系认定难，民事责任和刑事责任承担的前提是要有明确的因果关系，而金融机构个人数据处理链条长、环节多，其危害行为和损害结果之间因果关系难以认定。另一方面，金融机构个人数据处理风险具有不确定性，是一种未来的风险，用事后追责的方式预防和警示未来发生的风险，金融机构难以承担严重后果，金融消费者也无法挽回损失，整个社会需承受巨大的代价。因此，风险规制的集体性治理成为一种必然选择，集体性治理是一种行政性规制，行政规制并非通过一部法律交由社会主体自我遵守那样简单，它通过制定规则、监督与检查、执行与制裁，对风险进行持续、集中控制。① 集体性治理是一种事前防控的直接控制模式，通过构建系统的风险规制体系，从金融体系整体利益出发，实现金融机构个人数据处理风险的整体控制。

3.3.3　金融机构个人数据处理场景风险规制模式

金融机构个人数据处理的法律规制应该以金融场景为基础实现从个人本位向社会本位转变，其规制模式也应该从以个人利益为基础的赋权保护模式转变为以金融体系整体利益为基础的场景风险规制模式。

3.3.3.1　场景风险规制模式的内涵——场景理论之于规制理论的移植与应用

金融机构个人数据处理风险的法律规制核心是要构建一套促进金融行业发展的个人数据处理规则，而规则往往是在特定的场景下生成的，规则的制定、适用和发展都必须结合具体的场景。美国尼森鲍姆教授针对个人数据处理与场景的关系提出"场景理论"。她认为保护个人数据的关键不在于个人的控制，而在于确保个人数据适当流通，即"场景完整性"。"场

---

① 参见卡洛尔·哈洛，理查德·罗林斯. 法律与行政（下卷）. 杨伟东，李凌波，石红心，晏坤译. 商务印书馆，2004：121.

景完整性"意指对个人数据处理的合理性判断必须结合特定场景进行，对特定场景中收集的个人数据的处理，不得超出个人在特定场景下授权使用个人数据时的预期，以此保障个人数据的合理流动。① 其实质是为个人数据处理的合理性判断提供一个"场景公正性"的基本框架。场景理论不再试图对隐私和个人数据权利进行抽象定义，而是着眼于个人数据的使用过程和合理性标准；不再单向地从个人数据权益出发，而是以社会整体利益作为考量，基于利益平衡，对个人数据合理使用进行规制；对个人数据合理性的评价要综合考量个人数据流通具体场景中的多种因素，如数据主体、数据类型、数据传播原则等，注意要素之间的相互影响，不做脱离具体场景的抽象预判。场景理论很好地回应了大数据时代对于个人数据融合与共享的需求，已经成为美国个人数据保护领域的主流理论。美国 2012 年《网络环境下消费者的数据隐私保护》体现了场景评估信息敏感性的理念，2015 年《加利福尼亚州消费者隐私保护法案》的政府讨论稿则更是极力倡导场景理念。②

场景理论秉持着个案分析的精神，在具体场景中综合考量多元要素，对个人数据的使用做"程度性"判断，实现对个人数据的处理过程的动态风险控制。该理论能够有效提高个人数据保护的有效性和实质性，但是也存在理论适用的局限性。首先，场景中影响个人数据流动的因素具有多样性，而且每个要素的影响程度不同，在个案中综合考虑各种因素，会造成法律适用方面极大的不确定性。例如，《美国隐私法案》规定进行个人信息风险评估的前提是"不具合理性"，但是是否具备合理性本身是评估的结果，以结果当前提，造成法律的执行困难。而且，合理性是"程度性"判断不是"是非性"判断，自身标准本身就具有模糊性。③ 其次，美国和

① Nissenbaum H. Privacy As Contextual Integrity. Washington Law Review，2004，79 (1)：101-139.

② 参见许可. 数字经济视野中的欧盟《一般数据保护条例》. 财经法学，2018 (06)：71-83；胡文涛. 我国个人敏感信息界定之构想. 中国法学，2018 (5)：235-254.

③ 范为. 大数据时代个人信息保护的路径重构. 环球法律评论，2016，38 (5)：102.

欧盟现有的法律规定中都引入了场景理论，但是缺少明确的判断标准和操作细节，导致企业操作的复杂性和任意性。美国的隐私法案中体现了场景理念与隐私风险理念，规定了很多例外情况，但是例外条款规定过于泛化，容易产生隐私侵害风险。例如，在"例外条款"中规定了"公开信息"和"雇员信息"，体现了法案对于隐私风险的考量，但是这些信息如果被第三方用于其他场景中，依然存在被识别的风险，法案将其排除适用，显然是没有考虑到具体场景的差异，让滥用个人数据的行为有了可乘之机，也增加了企业数据合规方面的复杂性。①

为了克服场景理论个案分析的复杂性和不确定性，可以将场景理论与规制理论融合在一起，构建基于场景的个人数据流动法律规范，不再一味追求不同场景下的个案分析，而是追求类型化场景的差异化与一般化的统一。可以将场景划分为规范场景和个案场景。规范场景，是指具有共性、普遍性、抽象逻辑化的场景模块。② 个案场景，是指每个特殊的、差异化的、具体的场景。以规范场景为基础制定个人数据流动法律规范，是未来个人数据法律规制的发展趋势。尼森鲍姆教授预设了场景理论的前景，构建特定场景下的信息规范应考虑该场景下的历史时期、文化、地域等因素的影响，个人信息的规制未来应关注对特殊领域的研究，以揭示这些领域的技术创新对信息规范的影响。③ 美国对敏感领域（如医疗档案和金融数据等）的分散式立法、设立行业规范就是场景规制的体现，以特殊领域为规范场景，制定基于规范场景的数据流动法律规范。

以"场景正义"为框架去判断个人数据处理的合理性，这个框架的核心就在于不同场景数据流通规范的构建。尼森鲍姆教授认为，数据流动规

---

① 范为.大数据时代个人信息保护的路径重构.环球法律评论，2016，38（5）：101.

② 李文姝，刘道前.人工智能视域下的信息规制——基于隐私场景理论的激励与规范.人民论坛·学术前沿，2019（6）：70-77.

③ Nissenbaum H. Privacy As Contextual Integrity. Washington Law Review, 2004, 79 (1)：101-139.

范包含：具体化的情景、数据处理主体、数据的类型和属性、数据传输原则。[1] 其中，数据的类型和属性不仅体现为个人或者非个人、敏感或非敏感的单一维度的二分逻辑[2]，不同场景下，相同的个人数据会呈现不同的敏感程度，应根据特定的社会场景下的数据流动参数，综合分析判断个人数据处理的"适当性"。由此可见，规范场景中影响数据流动合理性判断的核心要素是不同领域的场景、数据处理主体、个人数据类型和数据传输原则。即以规范场景的共性为基础，在利益平衡的基础上，明确不同规范场景下的数据传输的总体原则，区分不同的数据类型，针对不同的数据类型设计数据处理主体的行为规范，实现差异化规制（如图3.1所示）。

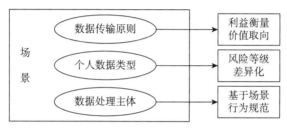

图 3.1 场景风险规制要素

金融机构个人数据处理的场景风险规制模式以规制要素为基础，将金融领域作为模块化的规范场景，对影响数据流动的核心要素，即个人数据类型、数据处理主体和数据传输原则进行分别规制。场景风险规制模式的构建可以分为三个维度层级推进：数据类型的规制—数据处理行为的规制—数据治理法律制度的构建。数据类型的规制：主要规制数据类型要素，从金融场景出发，采用不同的标准进行个人数据的类型化构建，为差异化的法律规制提供基础。数据处理行为的规制：主要规制数据传输原则要素和数据处理主体要素。基于不同的金融场景，综合衡量金融场景中个人数据传输的多元利益，以金融场景的利益衡量和价值取向为基础确定数

---

① Nissenbaum H. Privacy As Contextual Integrity. Washington Law Review，2004，79（1）：101-139.

② Nissenbaum H. Privacy in Context Technology，Policy，and the Integrity of Social Life. California：Stanford University Press. 2010，p. 127，p. 129，pp. 140-144，pp. 152-156.

据传输原则；规范数据控制者金融机构的数据处理行为。一方面，应该看到金融场景规制对象的同一性和共同点，并对其进行同一性规制，以避免规则洼地和监管套利的出现；另一方面，也应该看到规制对象的具体特点和特殊性，并根据这些特殊性进行更精细的规制，以适合规制对象的特点，从而避免"一刀切"。① 最后，法律规制既包括规范的制定还需要规范的执行、监督与责任，在要素规制的基础上，建构系统性的金融机构个人数据治理法律制度，为金融机构个人数据处理的法律规制提供制度保障。

总之，场景风险规制理论结合了场景理论和规制理论，以场景为基础进行风险规制，不同场景下个人数据处理风险不同，规制方法也不同，实质是对金融机构个人数据处理实现场景化、类型化、差异化的规制，实现一般规制与特殊规制的统一。为防止法律规范的不确定性和模糊性，以金融场景作为模块化的规范场景，提炼适合一般金融场景的个人数据流动规则，以提高法律规范的适用性和可操作性。

3.3.3.2 金融机构个人数据处理场景风险规制模式的总体思路

首先，以金融数据流通秩序为首要目标。金融机构个人数据作为准公共产品，需要良好的流通秩序作为保障。个人数据"必须放在社群的语境中才能被充分理解，因为个人的合理空间或个人人格都是由社会构成的，个人的合理空间或人格只有在社群共同体中衡量，才具有实现的可能"。② 个人数据具有公共产品的属性，个人数据的流通标准并不是客观的、中立的，而是受到人们交往的特定社群环境的影响，如果社群具有良好的流通秩序，那么侵犯个人数据权益的情形就会大大降低。可以将金融场景理解为一个特定的社群，人们为了实现资金的融通进行交往，因此，只有打造良好的金融数据流通秩序，才能更好地保护个人数据，人们才有更强烈的意愿去共享和使用个人数据。从长远看，金融机构个人数据处理中的保护与流动之间呈正相关关系。金融机构个人数据处理中的保护与利用并不必

---

① 邢会强. 人脸识别的法律规制. 比较法研究，2020（5）：10-11.

② 丁晓东. 什么是数据权利？——从欧洲《一般数据保护条例》看数据隐私的保护. 华东政法大学学报，2018，21（4）：52.

然是此消彼长的矛盾关系，保护是为了促进流动，没有保护的流动最终必然导致数据资源的枯竭。总之，以金融数据流通秩序为首要目标并不是质疑金融消费者的个人数据权益的重要性和优先性，也不意味着否定或减损金融消费者的个人数据权益保护。数据流通秩序与保护个人数据权益具有一致性，以良好的金融数据流通秩序的构建为首要目标是将个人数据权益维护视为维护金融数据流通秩序的一部分，实现保护与利用的双赢。

其次，以多重利益平衡为价值取向。个人数据作为一种重要的社会存在，必然蕴含着多种价值，各价值相互勾连不可分割，共同描绘单个自然人及由单个自然人构成之社会整体的人格利益样态和财产利益样态。[1] 金融机构个人数据涉及人格利益、财产利益、商业利益、公共利益等，呈现多元利益共存的局面。但是传统的金融机构个人数据保护注重从金融消费者权益出发，并不是从利益平衡的角度进行制度设计，而是通过不断赋权给金融消费者、加重金融机构的数据保护义务实现个人数据保护的目的，是典型的以维护金融消费者权益为主要价值取向的保护机制。金融消费者的利益被置于价值系统中的优先位置，金融机构的利益则以金融消费者的利益边界为界限与之进行被动平衡。金融机构个人数据是大数据时代金融业发展的核心要素，应考虑到金融机构的数据权益，为金融机构合理开发和利用个人数据留有足够的空间。金融机构投入技术、成本等对个人数据的收集、分析和利用才是个人数据增值的重要原因。如果一味地强调金融消费者权益的保护，不仅限制金融机构个人数据利用的积极性，也会造成立法的虚设而走向两个误区，或者造成金融监管过于严格，抑制金融机构对个人数据的开发利用；或者造成监管缺位，相关法律规范普遍不被遵守。因此，金融机构个人数据的法律规制，既要保护金融消费者的数据权益，也要促进数字金融的发展，在保护与利用中寻求平衡必然要基于多元利益平衡进行制度设计，从个人本位转向社会本位，以促进社会整体福利的增长为目标。

---

① 杨惟钦. 价值维度中的个人信息权属模式考察——以利益属性分析切入. 法学评论，2016，34（4）：66-75.

最后，以防范风险为导向的法律规制。金融机构个人数据处理以防范风险为导向的法律规制，是指法律规制的重点是对个人数据处理风险的管理和控制。个人数据不是属于个人的数据，而是关于个人的数据，个人数据处理的风险不能被消灭，而是应该控制在合理的范围内，改变以往全有或全无的二元判断，转为风险高低的"程度性"判断。风险控制是法律中的普遍性思维，"从广义上说，整个法律制度都是旨在解决风险问题的风险防控制度"①。美国和欧盟在个人数据保护的法律上都采取了以风险为导向的法律规制理念。美国《消费者隐私权利法案（草案）》构建了以场景与风险理念为核心的规制架构。法案将场景引入个人数据处理合理性的审查中，如果在相应的场景中合理，该个人数据处理就得到了合法性授权，如果在相应的场景中不合理，则需要进行风险评估，并采取适当的方式降低风险。欧盟《一般数据保护条例》也引入了风险管理的理念。个人数据处理行为的责任承担要区分不同场景，并将风险划分为高、中、低三个等级，对于风险等级高的数据处理行为，需增加额外的数据保护义务，对于风险等级低的数据处理行为，可以豁免部分保护义务。② 因此，以风险为导向的法律规制，从不同的场景出发，对个人数据面临的风险程度进行评估，根据风险等级采取不同的保护措施，是一种贯穿个人数据处理全过程的动态控制。

3.3.3.3 金融机构个人数据处理场景风险规制模式的具体路径

场景风险规制模式具体路径设计，在微观层面：从模块化的金融场景出发，对金融机构个人数据进行类型化构建，为差异化规制提供基础，同时，基于金融场景的利益平衡和价值取向，明确金融场景中个人数据处理的基本原则；对不同场景下金融机构的个人数据处理行为进行规制，给数据控制者提供行为规范。在宏观层面：构建金融机构个人数据治理法律制度，为建立金融机构个人数据流动法律秩序提供制度保障。

---

① 张守文. 当代中国经济法理论的新视域. 中国人民大学出版社，2018：170-171.

② 范为. 大数据时代个人信息保护的路径重构. 环球法律评论，2016，38（5）：92-115.

路径一：金融机构个人数据类型化——差异化规制的基础。金融机构个人数据类型化是实现法律对个人数据差异化规制的基础。随着数据技术的发展，个人数据概念呈现泛化的趋势，有技术专家说，只有数据维度足够多，所有的数据都有可能识别到个人，才能成为个人数据。法律的"识别性"标准已经很难勾勒出个人数据与非个人数据的边界，面对如此庞杂的个人数据内容，以类型化的思维对其进行研究确有必要。① 个人数据的类型化规制"不仅能充分表明信息保护的目的、功能、识别度、风险系数、信息主体和收集者的参与程度等区别之外，还能摒弃'非此即彼'的二元表达方式，避免出现其他保护模式下无法规范中间地带个人信息的不足"②。金融机构个人数据类型化，意味着并不是所有的个人数据都受到同等程度的保护。

金融领域个人数据类型化是确定个人数据保护与利用之间平衡点的一个重要依据，是金融机构个人数据处理风险法律规制的有效路径。2021 年9 月1 日起施行的《数据安全法》第 21 条第 1 款明确规定了数据的分类分级保护制度，要求"根据数据在经济社会发展中的重要程度，以及一旦遭到篡改、破坏、泄露或者非法获取、非法利用，对国家安全、公共利益或者个人、组织合法权益造成的危害程度，对数据实行分类分级保护"。不同于数据分级分类的技术标准，从法律视角对金融机构个人数据的分类，应体现出各类个人数据之间的根本差异，在对这种差异进行识别的过程中综合考量了各类数据的本体性质、识别程度、风险系数、数据主体与数据处理者的贡献程度等多个元素，并对这种差异进行法律意义上的界定。金融领域个人数据敏感度高，对于静态的个人数据，主要从数据主体的利益出发，以识别程度与危害结果为标准，划分风险等级，对于风险等级较高的个人数据，应该遵循更严格的处理规范，对于风险等级较低的个人数据，应该遵循一般的处理规范，节约执行成本。金融机构个人数据处理是

① 韩旭至. 个人信息类型化研究. 重庆邮电大学学报（社会科学版），2017，29（4）：64-70.

② 袁泉. 个人信息分类保护制度的理论基础. 上海政法学院学报（法治论丛），2018，33（3）：29-37.

一个动态的过程，个人数据在不同的处理阶段呈现出不同的特点和功能，对于动态流转的个人数据，需结合不同的数据处理阶段，综合考量个人数据的利益样态和利益主体等因素，合理划定各方利益主体之间的利益分配问题。

路径二：基于场景的金融机构个人数据处理行为法律规制。我国金融机构个人数据的法律规制一直存在重保密轻利用、重安全轻合规的问题。强调金融机构个人数据保密的静态保护维度，不能满足数字金融时代金融业发展对个人数据动态融合与共享的需求。基于场景的金融机构个人数据处理的行为规制关注金融机构个人数据的动态流转过程，对个人数据收集、共享、跨境等各个环节进行行为主义的规制，确保金融机构个人数据流通的各个环节都能得到法律的合理介入，建立金融机构个人数据流动的秩序规范。

个人数据处理行为规制是高度场景化的，个人数据处理行为规制的必要性和合理性往往取决于不同的场景和对象。金融领域的个人数据处理，既不同于一般企业基于商业利益的处理行为，也不同于公权力机关基于社会管理的处理行为，有着自身独特的需求和风险。在金融领域，数据安全和数据质量的要求都高于其他行业，以防止系统性金融风险的发生；个人财务数据、个人信用数据等都是特殊类型的个人数据，一旦泄露或滥用，不仅危害个人的人身和财产安全，还会造成金融市场秩序的混乱。因此，从行为主义规制的进路出发，金融机构个人数据处理的法律规制应当根据不同场景下，不同行为所可能侵犯个体与社会的权益而进行不同程度的规制。例如，在金融机构个人数据收集行为中，个人数据与自然人的权益最相关，应偏重于对个人数据权益的保护，但是可以适度放宽个人数据收集的合法性基础，因为个人数据的收集与后续的流通共享密切相关，适度放宽有利于个人数据发挥其生产要素的价值；在金融机构个人数据分析行为中，金融机构投入大量的人力物力，该阶段的规制需要考虑金融机构的合理利益诉求，但是不能超出个人授权的范围；在金融机构个人数据共享行为中，要充分考虑个人数据共享主体、场景、数据的类型；在金融机构个人数据跨境传输行为中，该场景数据处理行为的法律规制除考虑个人利益、企业利益之外，还要考虑国家利益等。

路径三：构建金融机构个人数据治理法律制度。金融机构个人数据处理风险不同于传统的金融风险，数据之于金融就像血液之于人体，可以说，未来金融业的一切活动都逐渐表现为数据处理活动，依靠数据处理实现。金融机构个人数据处理是一个持续的、多环节的过程，数据处理风险也贯穿整个数据生命周期，对于个人数据处理的法律规制，不仅需要从微观层面，以数据的分级分类为基础，对不同环节的金融机构个人数据处理行为进行规制，还需从宏观层面构建金融机构个人数据治理法律制度，保障法律规范的执行和监督，为风险控制、建立个人数据流动秩序提供制度保障。

金融机构个人数据处理风险的新特点，对传统以政府管制为核心的金融监管体系提出严峻的挑战。仅靠单一的监管机构治理，已经无法应对金融数据处理风险的全局性、动态性和隐蔽性，需要构建金融机构个人数据处理风险的多元治理体系，由利益相关方共同治理。一方面，通过建立协调性监管框架，利用监管科技手段，搭建金融数据监管等加强外部治理，形成执法威慑，促进金融机构积极履行职责；另一方面，激励金融机构积极进行内部治理，设立数据保护官，对金融机构进行数据安全生命周期的管理，引入"代码法律化"的规制逻辑，提高金融机构个人数据处理的质量。只有将外部要求与内生激励相容，才能够实现金融机构个人数据利用与保护的协调发展。

第4章
金融机构个人数据的
识别标准及类型化构建

随着数据技术的不断发展，个人数据的边界呈现扩张趋势，只要数据维度足够多，一切数据皆可识别到个人。面对模糊的个人数据边界，如何确定金融机构个人数据的识别标准，如何区分不同类型的金融机构个人数据，是金融机构个人数据实现差异化法律规制的前提。

4.1 金融机构个人数据的识别标准

个人数据的识别标准是研究个人数据法律规制的逻辑起点。判断是否是个人数据，现有法律规定中有两个关键标准——识别标准与匿名标准，识别标准解决什么是个人数据的问题，即可识别到个人的数据就是个人数据；匿名标准解决什么不是个人数据的问题，即个人数据匿名处理后且不可复原就不再是个人数据。但是随着技术的发展，识别与匿名的标准也在不断发生变化。结合金融场景，明确两者的判断标准就是为金融机构个人数据划定清晰的法律边界，它直接决定了金融机构个人数据相关法律法规的适用范围。

4.1.1　金融机构个人数据识别性的法律标准

4.1.1.1　一般个人数据识别性标准的内涵与争议

个人数据的界定方面有三个比较有代表性的观点：隐私性、关联性、识别性。

隐私性定义是以隐私定义个人数据。例如，帕郎教授（Parent）指出，个人数据指不愿为他人知道的内容。[①] 这个定义以隐私性定义个人数据，混淆了隐私与个人数据的关系，按照该标准，公开的个人数据不具有隐私性不能得到保护。该定义也因为范围过窄而不被采纳。

关联性定义认为所有与个人相关的数据都是个人数据。例如，瑞典《个人数据法》第3条规定，个人数据指"各种可直接或间接地和某一活着的自然人相关联的数据"。[②] 该定义因为范围过宽而受到诸多批评。

识别性定义认为能够直接或间接识别出的个人数据都是个人数据。例如，世界经合组织（OECD）《关于隐私保护和个人数据跨境流通指南》、亚太隐私框架以及欧盟《一般数据保护条例》（GDPR）都采用了该定义。识别性定义是学界通说，为各国立法所普遍采用。

美国的《加利福尼亚州消费者隐私保护法案》（CCPA）对个人数据的定义：个人数据是指能够直接或间接地识别、关系到、能够相关联或可合理地连接到特定消费者或家庭的数据。该法案采用识别要素与关联要素双重标准，即只要某一数据与特定人"有关"，那么该数据就属于个人数据。欧盟《一般数据保护条例》（GDPR）第4条规定，个人数据是指一个被识别或可识别的自然人（数据主体）的任何数据，一个可识别的自然人，是指通过姓名、身份证号码、位置数据、在线身份识别码这类标识，或通过该自然人的一个或多个身体、生理、遗传、心理、经济、文化或社会身份

---

① 谢永志. 个人数据保护法立法研究. 人民法院出版社，2013：5.

② 陈飞. 个人数据保护：欧盟指令及成员国法律、经合组织指导方针. 法律出版社，2006：481.

等要素，能够直接或间接地被识别。① GDPR 的序言部分明确指出，应当考虑所有合理可能的因素来认定个人数据，并明确区分假名化和匿名化数据，前者可以通过其他额外数据来识别一个人，因此可以称为个人数据；而匿名化数据不再识别一个人，故不受 GDPR 约束。② 从欧盟的规定可以看出，在最大限度保护人格利益的立法目的指导下，欧盟认定的个人数据范围相对抽象和宽泛。综观境外的立法，虽然用词上有所差异，认定标准也有不同，但其实质上基本都采用了身份识别性的标准。

我国个人数据的主要法律规范和司法解释也采取识别性标准。2016 年制定的《网络安全法》第 76 条第 5 项规定："个人信息，是指以电子或者其他方式记录的能够单独或者与其他信息结合识别自然人个人身份的各种信息，包括但不限于自然人的姓名、出生日期、身份证件号码、个人生物识别信息、住址、电话号码等。"2020 年 3 月《民法典》延续了《网络安全法》的规定，第 1034 条第 2 款规定："个人信息是以电子或者其他方式记录的能够单独或者与其他信息结合识别特定自然人的各种信息，包括自然人的姓名、出生日期、身份证件号码、生物识别信息、住址、电话号码、电子邮箱、健康信息、行踪信息等。"2020 年修订的国家标准《信息安全技术　个人信息安全规范》（GB/T 35273—2020）中第 3.1 条也采用了识别性标准。总之，从现有的法律、法规等各个层面看，个人数据的识别性标准已被我国立法所采纳并在实践中应用。

数据的可识别性是区分个人数据与非个人数据的关键性标准。识别性标准包括两层含义：已识别和可识别。已识别也可称为直接识别，是指不用借助于其他数据就能识别到特定个人；可识别通常是间接识别，是指具有识别的可能性，需要借助其他数据才能够识别到个人。已识别的标准确定性强，很少存在争议，可识别的标准在实践中争议很大，主要是可识别标准边界模糊。很多国家的司法实践中将"可识别"界定为一种预测性的

---

① General Data Protection Regulation. Article 4. ［2020-02-03］. https：//gdpr-info. eu/.

② General Data Protection Regulation. Article 26. ［2020-02-03］. https：//gdpr-info. eu/.

判断，并且这种预测需要"合理"（Reasonable）和"实践可行"（Practicable）的基础。①

第一，可识别标准不仅仅是技术判断，其背后隐藏着相当程度的价值权衡。如果将纯粹理论上具有身份识别可能的数据，或者识别度较低的数据全部划入个人数据保护范围内，必然会给数据控制者带来过于严苛的保护义务，影响其对个人数据的收集与使用。例如，某网络用户诉某搜索引擎案中，案情的关键是网络用户的 Cookie 数据是否是个人数据。一、二审法院给出完全不同的结论。一审法院认为，用户在搜索引擎上使用特定词汇搜索形成的行为痕迹，能够反映用户的兴趣、需求、偏好等私人生活情况，属于个人隐私范围。二审法院认为网络用户通过使用搜索引擎形成的网络活动轨迹与其身份相分离，无法识别到个人，因此不属于个人数据的范畴。两审法院给出截然相反的结论背后是个人民事权益保护与数据自由利用之间价值权衡的结果。

第二，随着数据技术的不断发展和变革，可识别标准也在动态发展变化。可识别个人数据与不可识别个人数据之间没有明确的界限。不可识别个人数据转换为可识别个人数据的情况非常常见，有专家做过相关的调研，将出生日期、邮编、性别这三个维度的个人数据结合起来识别个人，成功概率高达87%。然而，出生日期、邮编、性别这三项数据分别都不属于"个人身份可识别数据"，这些数据既不属于让人感到尴尬的数据范畴，也不属于私密数据或敏感数据的范畴。② 而且一个数据能否成为可识别数据，关键取决于识别技术的发展，许多过去认为与个人数据无关，不太可能从中识别出个人身份的数据，现在也都具有了身份可识别性。例如，某研究机构利用公开的网络数据和志愿者自愿提供的基因数据，就成功识别

① Chik, Warren B, Pang, et al. The Meaning and Scope of Personal Data Under the Singapore Personal Data Protection Act. Singapore Academy of Law Journal, 2014, 26（2）: 269-269.

② Sweeney L. L. Sweeney, Simple Demographics Often Identify People Uniquely. Carnegie Mellon University, Data Privacy Working Paper 3. Pittsburgh 2000. Simple Demographics Often Identify People Uniquely. 2013. https://dataprivacylab.org/projects/identifiability/paper1.pdf/2019-01-23.

出了志愿者。①

第三，可识别性标准的场景化。有学者意识到，个人数据的识别和关联都是建立在动态场景（context）中，而非静态类型的数据，个人数据尤其是间接识别数据的边界是动态的，是否构成个人数据应视具体的场景而定。② 脱离场景从抽象的角度判断个人身份可识别数据是不恰当的，因为不同场景下，个人数据的可识别性会发生变化。例如，通过搜索引擎查询得来的数据是匿名的，但是如果用户使用联合搜索，通过交叉验证，就会提高其身份被识别的概率。因此，个人数据的性质是动态的，无法脱离具体场景对其做抽象界定和判断。可见，个人数据的界定应考虑数据主体、应用场景、技术变化等多种因素，对它的界定应该是动态性的、场景性的。③

4.1.1.2 境外个人数据识别性标准的界定与分析

欧盟关于个人数据识别性的标准采取的是定义加列举的方式：从 1995 年《数据保护指令》到 2016 年《一般数据保护条例》都将个人数据定义为已识别的或可识别的与自然人（数据主体）有关的任何数据。GDPR 进一步明确了可识别的标准，即通过姓名、身份证号码、定位数据、在线身份等识别数据，或者通过该自然人的身体、生理、遗传、心理、经济、文化或社会身份的一项或多项要素予以识别。为了适应技术发展带来的改变，GDPR 将生物因素、遗传因素也列入其中。欧盟第 29 条数据保护工作组早在 2007 年的时候，就意识到个人数据模糊性对司法实践的影响，在《关于个人数据概念的意见》中指出个人数据的四个构成要素：任何数据（any information）、关联（relating to）、已识别的或可识别（identified or i-dentifiable）、自然人（natural person）。其中，已识别的标准相对清晰，而

---

① Francis，Aldhouse. Anonymisation of Personal Data－A Missed Opportunity for the European Commission. Computer law & security report，2014，30（4）：403-418.

② 范为. 大数据时代个人信息定义的再审视. 信息安全与通信保密，2016（10）：70-80.

③ 齐爱民，张哲. 识别与再识别：个人信息的概念界定与立法选择. 重庆大学学报（社会科学版），2018，24（2）：119-131.

可识别的标准模糊，争议很大。《关于个人数据概念的意见》认为，可识别是指通过个人数据中的标识符或者个人数据属性识别到个人。[①] 其中，标识符指的是特定的数据片段，如姓名、身份证号等都是比较常见的标识符，标识符的识别程度，需要放到具体的情境中才能做出判断。欧盟在识别性标准上比较严苛，即"穷尽一切可能合理使用的手段"。也就是说，只有穷尽所有的、可能的、合理使用的手段来识别个人数据的可能性不存在，才认为该数据是不可识别的，是非个人数据。

欧盟在个人数据识别性标准方面采用了比较严苛的标准，无形中扩大了个人数据的外延，个人数据外延越大，其保护强度也就越大。这与欧盟的历史背景、文化传统和法律价值理念密切相关。在数字经济全球竞争的格局中，欧盟立法做出的法律价值排序也是一种现实的选择，纵观全球数字经济发展情况，全球排名前十的科技公司没有一家是欧盟的企业，在数字经济发展相对落后的情况下，欧盟通过制定严格的个人数据保护法律扩大影响力，实现对欧盟公民数据权益的全面保护，在某种程度上也能防止本国数据的外流，保护数据安全，提高数据规则制定的话语权。但是，这种价值选择的背后不可避免地存在消极的负面影响，识别标准过于宽泛的外延会阻碍个人数据的流动，影响数字技术与市场的发展，遏制企业创新的动力，破坏数据市场的生态。[②]

与欧盟注重公民的基本权利与自由保护的价值选择不同，美国更注重商业利益的发展，寻求个人数据上的个人利益与商业利益之间的平衡。美国联邦层面没有统一的个人数据保护法，更多的是针对特定行业或者领域制定的个人数据保护的部门法。目前，美国绝大部分州的法律依然将个人数据的判定聚焦于能够直接识别身份的名字或姓氏以及姓氏首字母上，而对于不包含名字、姓氏以及姓氏首字母但是具备识别个人身份

---

① 高富平. 个人数据保护和利用国际规则：源流和趋势. 法律出版社，2016：219.

② 参见吴韬. GDPR 阻碍中小企业创新中国数字经济立法应优先考虑创新与发展 [EB/OL]. http：//finance. East money. com/news/1350，20180706902252457. html/2020-03-22.

可能性的数据不在法律的规制范围。只有寥寥数个州的法律加入了补充条款，延伸了对于不直接包含公民的姓名或者姓名的首个字母的个人数据的保护。① 可见，美国对个人数据范畴的界定相对狭窄。因为个人信息范围划定的较窄，相对于欧盟，很多间接识别的个人信息得不到法律的保护，美国的个人信息保护力度一直受到诟病。随着全球范围内人们对于个人数据保护诉求的增加，近几年，美国也在逐渐加大对个人数据保护的力度，2018 年《加利福尼亚州消费者隐私保护法案》（CCPA）被称为全美最严厉隐私保护法案，在界定个人信息时，采用了关联性的标准，扩大了个人信息的范围，体现了美国加大个人信息保护力度的立法趋势。但是，整体上看，美国在个人信息保护的制度设计上，更侧重个人数据的商业利用。

综上所述，在界定个人数据识别标准时，无论欧盟还是美国都从各国的实际情况出发做出法律的价值排序，以此作为界定个人数据的衡量基点，在利益平衡的基础上确定合理的识别性标准。因此，我国金融机构个人数据的识别性标准，不仅要从我国的国情出发，还要结合金融场景的特殊性，制定切实可行的法律标准。

4.1.1.3　我国金融机构个人数据识别性的法律标准

个人数据的识别性标准，既是一个技术问题又是一个法律问题。从技术上看，大数据技术的发展提高了数据间接识别到个人的可能性，但是这种间接识别性的标准不能无限扩大，应综合考虑当下个人数据的识别成本、技术发展水平等，以此来确定"可识别"的合理性标准。② 在个人数据的法律与技术之间的关系方面，"平衡法律概念的形式确定性与技术发

---

① 转引自刘洪岩，唐林. 基于"可识别性"风险的个人信息法律分类——以欧美个人信息立法比较为视角. 上海政法学院学报（法治论丛），2020，35（5）：36.

② 韩旭至. 个人信息概念的法教义学分析——以《网络安全法》第 76 条第 5 款为中心. 重庆大学学报（社会科学版），2018，24（2）：158.

展的不确定性是个人数据界定中的核心问题"①。金融机构个人数据具有以下几个特点：精准识别性和敏感性，与个人财产高度相关，个人数据应用场景的复杂性，金融数据的系统关联性等。对于金融机构个人实际识别性标准的界定，要从金融场景出发，结合金融机构个人数据的特点综合考量。

第一，金融机构个人数据识别的原则——利益平衡原则。自一般法理层面观之，"可被识别"本身就是一个不确定法律概念。它的判断是一种盖然性的预测，属于不确定法律概念中的"倾向概念"。对它的解释不仅依赖于事实判断，也隐含着价值判断。② 我国目前正处于数字经济快速发展时期，金融业正在逐渐实现数字化，数字与金融的结合不断孵化出新的金融生态，过于宽泛的个人数据识别性标准会阻滞金融业的发展。立法本身就是在通过利益识别、利益选择、利益整合以及利益表达，实现利益平衡的过程。③ 金融业是信息密集型的服务产业，没有生产线，没有物流仓库，没有仪器设备，金融业本身就是数据生产、存储、处理和传输的集合，随着金融业数据化程度的发展，金融数据从最初的附属要素转化为核心要素。金融机构个人数据不仅承载了金融消费者的人格利益、金融机构的商业利益，在反洗钱和反恐怖融资中，还涉及公共利益等。考虑到个人数据对于金融业发展的基础性作用，个人数据保护法在保护个人数据利益的同时，也要考虑个人数据的合法利用与流通。因此，从利益平衡的角度，对于金融机构个人数据识别标准的界定应适当限缩，与特定人事实上相连接的数据才是个人数据。这一标准虽然做了一定的限缩，但是并不会使得个人数据保护范围过于狭窄从而减损其保护的效力，也不会使得金融机构识别成本过高而影响其发展。只有当数据与特定人事实上相连接时，

---

① Arkhipov V, Naumov V. The legal Definition of Personal Data in the Regulatory Environment of the Russian Federation: Between formal Certainty and Technological Development. Computer Law & Security Review, 2016, 32 (6): 868-887.

② 王天华. 行政法上的不确定法律概念. 中国法学, 2016 (3): 77-78.

③ 张斌. 论现代立法中的利益平衡机制. 清华大学学报（哲学社会科学版），2005 (2): 68.

其承载的个人的民事法益才具有保护价值,而不能连接到具体的个人时,应更注重金融机构对个人数据的共享与利用。该标准兼顾金融消费者和金融机构的利益,有利于实现两者之间的利益平衡。

第二,金融机构个人数据的识别标准——数据控制者标准。依识别的主体不同,识别标准分为主观说、客观说、任一主体说三种学说。[①] 主观说,是将数据管理者自身的条件作为识别的标准;客观说,是将一般人的识别能力作为识别性的标准;欧盟采用的是任一主体说,即被控制者或任何其他人采取合理的方法去识别某个人。

金融机构具有垄断性、高风险性的特点,金融业与国民经济的发展息息相关,具有重要的战略性地位。随着数据技术的发展,金融业逐渐实现数据化转型,金融机构自身的数据技术较强,对于金融数据安全的需求更加强烈。个人数据识别性标准的界定,就是为了明确个人数据的保护边界。鉴于金融行业的特殊性,对于金融机构个人数据识别的标准,不适宜采取客观说的标准,金融行业是严重依赖数据流的行业,金融机构的数据分析识别能力普遍高于社会一般人的识别能力,甚至高于一般的社会企业。因此,采用客观说的标准,识别范围会划定过窄而起不到保护的作用。任一主体说是欧盟采用的标准,而这一标准在执行的过程中存在执行难度,任一主体也可以理解为采用最高标准,技术不断发展,标准不断提高,主体的识别差异一直存在,顶级黑客也包含在任一主体的范围内,如果以最高的标准要求金融机构,很多小型金融机构会因为技术不够强大而被排除在外,进一步造成金融行业被少数大企业所垄断,不利于金融生态的发展。因此,从金融行业的特点出发,建议采用主观说,以符合资质的金融机构普遍具备的数据识别能力为参照标准,既符合金融机构的实际运营情况,也便于操作执行,当然,标准不是一成不变的,还应该定期随着技术的发展进行调整,提高整个金融行业的数据保护水平。

---

① 韩旭至. 个人信息概念的法教义学分析——以《网络安全法》第 76 条第 5 款为中心. 重庆大学学报(社会科学版),2018,24(2):158.

第三，识别过程的程序性规制。由于个人数据界定的动态性和场景依赖性，即使法律规定识别性的参照标准，也会出现僵化的法条与多样性的应用场景不适配的情况，从而影响法律的执行效果。针对识别性的场景依赖和动态化的特征，以法定标准作为参照，维护个人数据保护的底线，从程序上规制金融机构个人数据的处理过程。

事前的知情同意。我国现行的个人数据保护相关的法律规定中，都明确规定，个人数据在被采集之前，需要让数据主体充分知悉个人数据的使用范围、目的和方式等，需要征得个人的实质同意后才可实施个人数据的处理。金融机构个人数据与一般的个人数据相比，具有高度识别性，必须严格履行知情同意原则。事中的风险评估。金融机构个人数据的风险主要存在于数据处理的动态过程中，一方面涉及多个主体，包括作为数据控制者的金融机构，作为数据处理者的金融科技公司，作为数据监管者的金融监管部门；另一方面应用场景多样化，如共享、交易、跨境等。个人数据识别风险表现为无法识别—可识别—已识别，识别程度越高风险越大，个人数据的识别风险程度与个人数据的处理场景密切相关，从无法识别到可识别之间的界限并不清晰，很多因素都会影响到识别风险的判断，法律制定时难以涵盖所有的影响因素，因此，个人数据处理过程中应进行风险评估，定期对自身的个人数据风险识别度、数据匿名化程度、数据交易方再识别风险程度进行评估，控制数据流转的风险。事后的个案认定。每个场景都具有独特性，法律法规抽象出的个人数据处理的标准在具体适用的过程中，必然存在无法涵盖的情况，这个时候适用个案分析更能实现法律对个人数据保护的目的。尤其是司法实践中对个人数据侵权的认定，应坚持个案分析原则，结合具体的场景，做出适当的判断。

4.1.2 金融机构个人数据匿名化的法律标准

个人数据匿名化，是协调隐私保护和数据利用的重要手段，即通过技术手段断开数据与个人人格利益的关系，使得数据控制者在确保个人数据无法识别到个人的同时保留数据的效用，进而将数据价值转化为财富，追求利益最大化。匿名化，是指在个人数据发布之前以隐藏数据主体真实身份为目的进行技术化处理。① 匿名化既是一个技术问题，也是一个法律问题。学术界对于个人数据匿名化的研究集中在技术领域，从法律角度研究个人数据匿名化问题才刚刚起步。

4.1.2.1 匿名的内涵

最早提出匿名概念的是 1995 年《欧盟数据保护指令》，该法令第 26 条规定，数据主体无法确定的匿名数据不适用数据保护原则。《一般数据保护条例》（GDPR）第 26 条指出，数据保护原则不适用于匿名数据，即不适用于已识别或可识别的自然人或者个人数据是匿名的并且不再能对所属自然人的身份进行确认的数据。匿名数据不属于个人数据，不适用 GDPR 的相关要求，企业可以自主地处理匿名化数据。美国相关法律中，使用"去身份"这一概念。美国标准与技术协会将个人数据去身份定义为，由数据控制者通过改变或删除数据集中的个人可识别数据方式，使数据使用人难以识别数据主体身份的过程。② 无论是欧盟法律中的"匿名"还是美国法律中的"去身份"，二者含义基本相同，都是数据控制者运用特殊的处理方式，使得个人数据不具有识别到数据主体的可能性。

我国立法中也有匿名数据的相关规定，《网络安全法》第 42 条第 1 款规定："……经过处理无法识别特定个人且不能复原的除外。"《民法典》和《信息安全技术　个人信息安全规范》也采用了此标准。由此可见，我国法律对匿名数据的界定是经过处理无法识别到个人且不能复原的数据。匿名数据的双重法律标准为：无法识别+不能复原，即仅从该数据本身无法识别特定个人，且匿名后即使结合其他数据也无法识别特定个人。

除了匿名，境外立法中还有假名（Pseudonymization）的概念。欧盟第

---

① Jaendel M. Decision Support for Releasing Anonymised Data. Computers & Security, 2014, 46 (oct.): 48-61.

② Simson L. Garfinkel. De-Identification of Personal Information. October 2015, p. 1 [DB/OL]. https://nvlpubs.nist.gov/nistpubs/ir/2015/NIST.IR.8053.pdf/2021-02-12.

29 条数据保护工作组指出，假名只是对数据主体身份进行伪装，形成的假名数据可被复原。[①] 假名数据不同于匿名数据，假名数据只是在个体数据基础之上，保留了个体颗粒度，改变个人身份的识别标识符。如真实个人数据是"李四，32 岁，高血压患者"，在此基础上生成的假名数据为"001012，32 岁，高血压患者"。假名数据具有可识别性，并非匿名的一种方式，只是减少数据与特定主体之间的关联程度，假名数据仍是个人数据，它仅是一种对个人数据进行安全保护的措施。假名数据保留了个人数据的颗粒度，价值更高，还能有效降低被识别的风险，因此数据假名化是公司履行数据保护义务的重要手段。不同的个人数据在处理过程中存在的风险等级不同，原始的、真实的个人数据风险最高，假名数据保留了个体颗粒度，风险居中，匿名数据风险最低，隐私风险接近于零。

4.1.2.2 匿名化的法理基础

第一，匿名化分离个人数据中的人格属性与财产属性。个人数据兼具人格属性和财产属性，传统的隐私保护利益就体现了个人数据中的人格属性。随着数据技术的发展，个人数据的财产属性越发凸显，个人数据被广泛地应用到社会的各行各业中，从企业的商品营销、产品开发到政府的政务管理、制定决策，无不依赖于个人数据，海量的个人数据的价值被充分挖掘，给社会带来了无限生机。因此，对于个人数据处理的法律规制，一方面要考虑个人数据的人格属性，防止个人权益受到侵害，另一方面又要考虑个人数据的财产属性，促进个人数据流通，释放数据价值。个人数据的匿名化就是试图在个人属性与财产属性之间实现分离，在无法识别到个人的情况下充分发挥个人数据的价值，实现个人数据保护与利用的双重目标。

第二，匿名化降低数据流通中的隐私风险。个人数据匿名化的过程就是去除身份识别符，使得该数据不能识别到个人。匿名后的数据因为不能

---

① WP29. Opinion 4/2007 on the Concept of Personal Data［DB/OL］. https：//ec. europa. eu/justice/article－29/documentation/opinion－recommendation/files/2007/wp136_en. pdf/2020－05－30.

识别到个人，也就降低了使用该数据侵害个人隐私风险的可能性。但是，随着技术的发展，匿名与假名之间的界限越来越模糊，美国的 Paul Ohm 教授指出，匿名手段的作用有限，难以实现个人数据保护的预期效果，甚至主张放弃匿名的概念。① 从技术层面上看，确实不存在绝对的匿名化数据，那么是否因为不存在绝对的匿名，匿名手段就没有存在的必要呢？其实不然，匿名并不能保障绝对的安全，但是可以降低风险。人们对于匿名技术的质疑，主要是对技术的期待过高，技术是不断进步的，匿名技术发展、再识别技术也在不断更新，但是，技术发展是需要时间和条件的，实践中匿名数据被再识别的风险被严重高估了。据 Jane Yakowitz 研究，匿名化处理后数据的识别率只有 0.013%。② 我们应该认识到，风险是不可能被完全规避的，但是可以将风险控制在合理的范围内。就像锁门并不一定能防贼，但是可以防范大多数的不速之客。个人数据匿名化就是一项个人数据风险控制措施，将风险控制在一定的范围内，起到个人数据保护的作用。

第三，匿名化在数据保护与数据利用之间寻求平衡。个人数据保护与利用天然具有张力，偏重于保护就会限制利用，偏重于利用就会限制保护，两者是此消彼长的关系。因此，各国的个人数据保护制度都试图在保护与利用中寻求一个平衡点，而个人数据的匿名化标准就是这个平衡点。首先，匿名化标准在个人数据与非个人数据之间划定了明确的边界，只有达到法律标准的匿名化数据才是非个人数据。其次，匿名化标准构建了有序的数据流通秩序，个人数据的黑市交易猖獗，一个重要的原因就是数据流通秩序的缺位，只有搭建在个人隐私利益保护基础上的数据流通秩序，才能实现隐私保护价值与数据流通价值的统一。最后，数据匿名化标准激发了数据控制者对数据再利用的积极性，个人数据一经匿名化就不再具备可识别性，数据控制者就可以自由地利用和支配这些数据用于生产或交

---

① Ohm P. Broken Promises of Privacy：Responding to the Surprising Failure of Anonymization. Social Science Electronic Publishing，2012，57˚（6）：1701-1777.

② Jane Y. Tragedy of the data commons. Harvard Journal of Law &Technology，2011，25（1）：1-68.

易，创造新的价值。因此，可以说个人数据匿名化就是在个人数据保护与利用之间寻求平衡的工具。

4.1.2.3 境外匿名化标准的分析与借鉴

欧盟 GDPR 给数据匿名化设定了比较严苛的标准，主要有三个方面：第一，识别主体——数据控制者或其他任何人。不同主体掌握的外部数据不相同，这一标准实际上要求在匿名判断中考虑所有可能获取的外部数据。如 IP 地址，一般人很难识别到特定自然人，但是对于网络服务商不存在任何困难。在此基础上，英国数据专员公署提出积极入侵者测试标准，该测试选取理性、有能力且有积极入侵愿望的普通人，不具备专业知识，如黑客技术和相关的设施，可以获取并利用公共资源，以此类人为识别主体测试匿名数据的识别效果。① 第二，识别手段——所有合理可能使用之方法。"识别是否具有合理的可能，需通过时间、成本、技术手段在个案中进行动态的衡量。"② 从技术发展和法律目的看，匿名化是一个识别程度的问题，不存在绝对意义上的匿名，当匿名数据需要识别主体超出合理的时间和能力才能实现再识别时，该数据便可被认为达到匿名化程度，归类为匿名数据。第三，识别方式——直接识别或间接识别到该自然人。直接或借助于任何其他数据，都无法识别到特定自然人，才能认定为匿名数据。

个人数据风险识别是一个动态的过程，影响个人数据再识别的因素很多，如识别成本的高低、识别时间的长短、识别技术的发展水平等。影响因素的变化就会影响到个人数据再识别的风险，因此，GDPR 引入"风险管理"理念，将匿名化数据再识别的风险划分为多个等级，实现对个人数据匿名化的动态规制。

美国《Health Insurance Portability and Accountability Act》（简称 HIPPA）中对于健康数据的匿名化的法律标准提出"专家标准"和"安全港标准"。

---

① 转引自韩旭至. 个人数据的法律界定及类型化研究. 法律出版社，2018：231.

② Balboni P，Macenaite M. Privacy by Design and Anonymisation Techniques in Action：Case Study of Ma3tch Technology. Computer Law & Security Review，2013，29（4）：330-340.

第一，专家标准。专家标准是从识别主体角度对识别标准进行的界定。专家是指具有一定统计科学知识和经验的专业人员，通过识别程度来判断数据的再识别风险。当专家利用专业知识和能力去识别数据时，识别可能性较小即为匿名数据，专家需要记录识别的过程，以此证明判断的合理性。

第二，安全港标准。安全港标准是相关法条详细列出能够识别到个人的识别符，数据控制者只要删除这些识别符就被视为已经实现数据匿名。但是这一标准的有效程度备受批评。一方面，静态的法律规定在动态的技术发展面前必然存在滞后性。HIPPA列举的识别符的周延性能否满足技术发展的需要受到质疑，如果随着技术的发展，需要不断地调整识别符的标准，这与法律的稳定性之间必然存在冲突。另一方面，数据的可识别性不仅与识别符相关，也与样本量的多少密切相关，如果原始的样本量较小，被识别的可能性依然很高。如果总体样本量足够大，而子类别较少，则被识别的程度依然很高。由此可见，所谓的安全港标准其实并不安全，详细地列举识别符的做法有利于执行，但是完全按照安全港标准操作可能无法实现数据保护的目的。

4.1.2.4 我国金融机构个人数据匿名化的法律标准

金融数据内容丰富，适用的场景多样，法律关系复杂，匿名化标准其实是为金融数据中的个人数据与非个人数据划定法律边界，匿名化的个人数据不属于个人数据的范畴，其使用无须经过数据主体的知情同意且不受收集个人数据的特定目的的限制，彰显数据的经济价值和流通属性，在推动数字化金融发展中发挥重要作用。

第一，匿名化标准应综合考虑金融行业的特点和应用场景。金融机构掌握和处理的个人数据绝大多数属于个人敏感数据，财产性特征明显，该数据一旦泄露，不但会直接侵害个人金融数据主体的合法权益，影响金融业机构的正常运营，甚至可能会带来系统性金融风险。因此，为了维护数据安全，金融机构个人数据的匿名化标准要高于一般行业。

从识别主体的角度，针对不同的识别主体确定不同的标准。对于进行数据匿名化的数据控制者即金融机构，其依然掌握匿名数据的算法或恢复该身份属性的关键数据，这些数据对于该金融机构来说，可以随时恢复身份属性，依然属于个人数据。如果匿名化数据转移给第三方机构，要充分考虑第三方机构获得的数据资源、数据处理能力，以及在此基础上对匿名化数据再识别到个人的可能性。如金融机构与金融机构之间，金融机构与大数据公司之间，可参照行业标准，综合考虑匿名数据的再识别性。如果金融机构将匿名数据向社会公开，其面向的是不特定的识别主体，数据匿名的评判结果因人而异。金融机构掌握的个人数据多为敏感度高、识别性强的数据，不宜采用普通人标准和"积极入侵者"测试标准①，宜借鉴美国 HIPPA 对健康数据匿名的判断的"专家"标准。以具有专业知识和经验的人员为识别主体，他们掌握统计科学相关知识和数据处理技术，以专家的技术水平和识别能力为标准判断匿名数据的再识别风险。在识别手段方面，建议采用欧盟规定的"所有合理可能使用之方法"，以现有最新技术为参照，在合理识别成本范围内，这个标准更具有可行性。在识别效果方面，我国《网络安全法》规定的标准是"不可识别、不可复原"，这种绝对化的匿名标准可操作性差，严苛地执行此标准，会严重限制金融数据的融合与共享，不利于金融行业数据生态的发展，因此，在识别效果方面，不能过分追求绝对的匿名化标准，应考虑现有的技术水平，以及再识别的成本收益。

第二，明确金融机构个人数据匿名化的法律义务。个人数据经充分匿名化后，金融消费者对匿名数据不再享有个人数据权利，如知情权、访问权、拒绝权和删除权等，金融机构可以自由处理匿名数据，不再受个人数据保护法的限制。但是，金融机构在享受豁免待遇的同时需要承担相应的法律义务，以保证个人数据匿名的标准达到法律规定的标准，全面维护数据安全。通常情况下，金融机构在处理匿名化数据时，应履行以下义务：

---

① 英国数据保护机构 ICO 推荐在判断匿名化问题时应用该测试，UK. Information Commissioner's Office. Anonymisation：Managing Data Protection Risk Code of Practice［R］. 2012.

一是审查数据接受者的数据处理能力，控制匿名数据的应用场景，对匿名数据再识别风险进行管理。二是匿名数据在数据控制者与数据接受者双方协商的范围和目的内使用。三是金融机构内部进行数据访问的限制，给不同级别的员工授予不同的权限，控制接触数据的人员范围。四是加强企业内部员工的培训，一方面是学习数据处理的专业知识，实现数据处理的规范化；另一方面，加强数据安全意识培养，进行保密教育，必要的时候签订保密协议。五是限制匿名数据的复制和扩散的范围，超出使用期限要销毁数据。随着数据维度的增加，匿名数据的再识别风险就会增加，限制传播范围，有助于控制再识别风险。六是制定责任追究制度，一旦违反合同约定即承担违约责任。①

第三，金融机构匿名数据逆向风险评估机制。个人数据匿名化可将数据流通中的隐私风险控制在合理的范围内，但是个人数据在进行匿名化处理后仍有再识别的风险。匿名技术是动态发展的，绝对意义上的匿名是不存在的，匿名技术的差别在于匿名数据再识别程度的差别，因此，不同的匿名化技术引发的再识别风险有所不同。从个人数据匿名化的过程看，对个人数据匿名化确定法律标准就是为了降低再识别的风险；相反，从匿名数据再识别的过程看，针对匿名数据披露对象的再识别可能性进行风险评估可以有效降低匿名数据的再识别风险，即为逆向风险评估机制。因此，金融机构在进行匿名数据披露时，不仅要参照金融机构个人数据匿名化标准评估匿名数据的再识别风险，还要对具有识别动机和能力的数据使用人的再识别风险进行评估。

逆向风险评估要综合考量以下几个方面：首先，数据提供者审查数据使用者是否在约定的范围和目的内使用匿名数据，一旦超出约定的范围或目的，则风险等级提高。其次，数据提供者与数据处理者可以在协议中约定禁止任何再识别的行为，限制数据的复制行为或复制数量，约定项目完

---

① 参照英国 ICO 办公室的《匿名化：数据保护风险管理实践》中的相关指引 . UK. Information Commissioner's Office. Anoymisation：Managing Data Protection Risk Code of Practice［DB/OL］. https：//ico. org. uk/media/for - or - ganisations/documents/1061/anonymisation-code. pdf/2019-03-26.

成后销毁或归还等，一旦违反约定或限制条款，则风险等级提高。再次，评估数据使用者使用匿名数据带来的经济价值与可能减损的个人利益间是否达到平衡。逆向风险评估主要是评估风险等级，根据风险等级决定实施整改措施。对于风险等级偏低的数据使用者，可以在协议约定的范围内使用匿名数据，对于风险等级高的数据使用者应限制或禁止使用匿名数据，或者采取改进措施后再评估。最后，数据控制者定期检查数据处理者匿名数据的使用情况，及时调整数据再识别的风险，通过此种风险评估方式可以有效地控制匿名数据的再识别风险。①

4.2 金融机构个人数据的类型化构建

"当抽象——一般概念及其逻辑体系不足以掌握某生活现象或意义脉络的多样表现形态时，大家首先会想到的补助思考形式是'类型'。"② 无论是识别性标准还是匿名化标准，都是从宏观上厘清个人数据，很难从微观上甄别出不同的个人数据的差异，因此，个人数据有必要进行类型化的构建，以不同类型的数据为基础，防止"一刀切"式的保护模式，采取差异化的法律规制。

4.2.1　个人数据类型化的法律意义

4.2.1.1　个人数据类型化能弥补概念的抽象性和封闭性

在法学领域，类型化思维方法比概念思维有更强的解释力和更大的适用价值。概念思维的抽象性强，难以涵盖复杂多样的个人数据，类型化思维是对抽象概念思维的补充，其解释力和包容度更强。

我国法律对于个人数据的概念界定主要采用的是识别性标准，强调数

---

① 张建文，高悦. 我国个人信息匿名化的法律标准与规则重塑. 河北法学，2020（1）：43-56.

② ［德］卡尔·拉伦茨. 法学方法论. 陈爱娥译. 商务印书馆，2003：337.

据与数据主体之间直接或间接"认出来"的可能性。这种定义模式也是世界主流立法所采取的模式。在该定义下，数据不仅需要与具体个人关联，还需要凭借数据识别到具体人。《民法典》和《网络安全法》都采用识别性的标准。但是具体列举的个人数据的内容差异很大，民法典增加了"电子邮箱、健康信息、行踪信息等"。识别性包括已识别和可识别两种情况。已识别也称直接识别，指无须借助其他数据即可识别出某一特定的人，如身份证号码。而可识别则为间接识别，指存在识别的可能性，与其他数据相结合能够识别该人。① 随着计算机科学和数据技术的发展，可识别的边界逐渐扩大。在大数据的时代，海量的个人数据被记录下来，很多表面上看来不属于"个人身份可识别数据"的数据，通过计算机与数据技术的挖掘与匹配，可以变成"个人身份可识别数据"，因此识别性的标准最难界定。如果界定得过窄，在数据挖掘与行为营销的技术背景下，个人数据将很难得到保护，因为技术的变革将会使得个人数据保护法变得无效和过时。反之，如果界定得太过宽泛，则太多的数据会被囊括在此标准下，大量的数据都将受到个人数据保护法的规制，导致数据保护法变得臃肿不堪且毫无意义。因此，用概念思维去界定个人数据存在抽象性和封闭性的特点，难以涵盖全部动态的、繁杂的个人数据。

考夫曼认为，类型具有三个特征：接近真实、可直观性以及有对象性进行分析。② 概念讲求严谨和清晰，而类型则不然，与运用概念和形成概念相比，建构类型和运用类型都具有更大的灵活性。将类型化思维方法应用到个人数据法律规制中，可以解决个人数据概念的抽象性和封闭性的问题，类型化思维比概念思维有更强的解释力和更大的适用价值。不同的个人数据与个人的关系有强弱之分，风险也有高低之别，有的显而易见，有的难以判断。个人数据的类型化揭示了不同数据在识别度、风险系数、数据收集者的参与程度等方面更深层次的根本区别，通过清晰的语言表达方

---

① 谢琳. 大数据时代个人信息边界的界定. 学术研究，2019（3）：70.
② 张斌峰，陈西茜. 试论类型化思维及其法律适用价值. 政法论丛，2017（3）：120-121.

式，建构逻辑清晰、适用广泛的个人数据保护体系。①

4.2.1.2 个人数据类型化能体现个人数据的内在差异

个人数据采取不同的标准，可以划分为不同的范畴，不同范畴的个人数据背后蕴含的价值各不相同。类型化思维本身就蕴含着价值的发现与衡量，注重不同类型数据背后的独立价值，强调差异化的保护模式，这与传统的不区分数据类型的统一保护模式，有着显著的区别。以敏感个人数据与一般个人数据为例，敏感个人数据保护的利益是隐私利益，而一般个人数据保护的利益是对个人数据的自主决定利益，如果不加区分，用单一的标准进行保护只会造成两种结果，或者仅以隐私利益保护个人数据，造成个人数据流动受阻，或者仅以个人数据自决利益保护个人数据，造成个人隐私权益遭受侵害。如，对直接个人数据与间接个人数据的保护，直接个人数据可以识别到个人，与数据主体关系密切，而间接个人数据需要结合其他数据才能识别到个人，与数据主体关系疏远，因此，针对直接个人数据与间接个人数据，应依据对个人的危害程度不同，在保护的强度、方式、手段等方面作出不同的规定。采用统一的保护标准，就会提高数据保护的成本，不利于数据的流通。不同类别的个人数据的区别不仅表现在数据类别设定原则、规制依据、保护程度等方面，更深层面还表现为，由数据的产生方式和利用价值的不同所决定的数据识别度、风险系数、数据主体与收集者的参与程度的差异，进而采取差异化的法律规制，在规制成本和规制效果之间实现均衡。

4.2.1.3 个人数据类型化可以解决保护与利用之间的"二律背反"

个人数据上存在多个利益主体，每个利益主体都有自己的利益诉求，这是造成个人数据利用与保护之间"二律背反"的主要原因。个人数据的法律规制需要在二者之间进行利益的平衡。个人数据类型化可以区分不同的数据流通阶段，结合不同的利益主体和不同的利益诉求，在数据主体的

---

① 袁泉.个人信息分类保护制度的理论基础.上海政法学院学报（法治论丛），2018（3）：29-37.

保护需求和数据控制者的利益需求之间寻求平衡。个人数据处理的不同阶段涉及的数据主体、产生的方式以及存在的价值都有所不同。例如，在采集阶段，主要是原始的个人数据，与个人利益最为密切相关，应注重对个人人格利益的保护；在个人数据的处理阶段，数据控制者付出劳动投入技术，收集和分析海量的个人数据，数据控制者对个人数据集合享有财产利益，但是，对于可识别的个人数据应以不侵犯个人利益为前提。目前，对个人数据进行类型化区分，是学术研究领域的一个趋势。个人数据类型化研究至少有两个方面的价值：一是厘清不同类型数据上利益主体间的权益分配；二是针对不同类型的个人数据设计不同的数据保护制度。这两个方面对于建立个人数据流通秩序意义重大。

4.2.1.4 个人数据类型化有利于优化个人数据的资源配置

资源配置追求的是社会效益，以最小的成本获得最大的收益。"所有的法律活动和全部法律制度，说到底，都是以有效地利用自然资源，最大限度地增加社会财富为目的。"① 因此，法律对个人数据进行资源配置，目的是追求个人数据的社会整体利益最大化。

个人数据类型化对于提高数据资源配置的社会效益主要体现在以下两个方面：第一，个人数据类型化保护节省个人数据保护成本。个人数据类型化保护，是根据个人数据的识别度、危险程度、个人参与程度等方面的不同，采取不同的保护规制，可以有效地节约保护成本。如果采取统一保护的模式，虽然个人的利益得到了绝对的保护，但是企业不仅需要投入大量的运营成本，国家也需要投入大量的执法成本，长此以往，不利于数据产业的发展。第二，个人数据类型化激励数据从业者对个人数据的开发与利用。个人数据类型化兼顾各个数据主体对个人数据的利益需求，从国家整体利益出发，通过对不同类型的个人数据实行差异化保护，最大限度地调动数据从业者进行数据保护的积极性，促进数据市场健康、和谐发展。

因此，从经济学成本收益的角度分析，类型化的保护能够降低保护成

---

① 张文显. 二十世纪西方法哲学思潮研究. 法律出版社，1996：200.

本，激励数据从业者进行数据保护的积极性，从而提高整体的社会收益，是目前最优的资源配置方式。

4.2.2　国内外关于个人数据类型化标准的分析与借鉴

按照不同的标准，可以将个人数据分为不同的类型，个人数据类型化应具有法学研究的意义，其分类标准应该体现出分类的合理性、必要性和可行性，能够为差异化的法律规制提供理论基础。

4.2.2.1　个人数据的分类

第一种分类，目前比较普遍采用的分类是基于隐私权保护，将个人数据分为敏感个人数据与一般个人数据。该分类的意义在于，强化法律对于敏感个人数据的保护，数据控制者在处理敏感个人数据时应予以更高的注意和特殊的保护。[①] 这一分类也被大多数国家的数据保护法所采纳，并采用列举式，但具体的敏感数据的种类略有差异。[②] 这一分类的不足是，"敏感性"判断标准具有不确定性。是否属于敏感个人数据更多地体现为一种价值判断，具有主观性，难以形成客观的判断标准。如通常情况下财务数据属于敏感个人数据，但是在不同的场景下敏感性表现不同，在一般金融业务处理过程中，对于此类数据必须严格保密，而在金融征信或者纳税活动必要时，该类数据可以在一定范围内公开。可见随着应用场景的不同，个人数据的敏感性也随之变化。时至今日，敏感个人数据标准的具体化还没有实现，各国立法通常采用列举的方式，但是涵盖范围有限。

第二种分类，将个人数据分为直接个人数据与间接个人数据。该分类的标准是数据的识别性，该划分标准较为客观，受主观因素影响小。这种

---

① 参见齐爱民．拯救数据社会中的人格——个人数据保护法总论．北京大学出版社，2009：103．

② 2018 年欧盟《一般数据保护条例》（GDPR）第 9 条第 1 款规定，特定类型个人数据（敏感数据），包括可揭露出其种族、民族、政治观点、宗教和哲学信仰，或工会成员身份的；以识别出特定个人为目的的基因数据、生物识别数据；健康数据、与自然人性取向或性经历有关的数据。2002 年德国《联邦个人资料保护法》规定种族血统、政治观点、宗教或哲学信仰、工会成员资格、健康或性生活五类敏感数据。

划分方式在国内外立法中都比较常见，我国的《网络安全法》第76条、欧盟2018年《统一数据保护条例》第4条中都采用了此种划分方法。这一分类的不足是，随着技术的发展，越来越多的数据能够识别到个人，非个人数据的范围逐渐缩小，个人数据的范围不断增大，对个人数据的特殊保护在某种程度上限制了数据的合理流动和利用，不利于数据产业的发展。而且将直接个人数据与间接个人数据实施同等程度保护的必要性也受到质疑。

以上两种分类方法是个人数据的主流分类方法，其他分类方法主要有以下几种：

第三种分类，基于数据主体的身份，个人数据分为普通人的个人数据与特殊群体的个人数据。不同的主体，个人数据保护的方式和程度上有所异同，通常情况下对未成年人的个人数据，法律给予专门的特殊保护；对公众人物、公务员等的个人数据保护，在特定场景下应适当限制个人权利。① 此分类的积极意义是，根据数据主体的身份不同，实行差异化保护，提高保护的实际效果，如对未成年人的个人数据保护。但是这一分类的适用场景有限，除未成年人这一特殊群体的全方位保护之外，其他群体的划分一般仅限于政府数据公开，个人数据披露等场景，对个人数据的其他处理场景，适用价值有限。

第四种分类，从数据安全的角度，根据重要性大小，可将个人数据分为重要个人数据和其他个人数据。② 重要个人数据是指与国家安全、经济发展，以及社会公共利益密切相关的数据，这些数据一旦泄露可能直接影响国家安全、经济安全、社会稳定、公共健康和安全。重要数据的范畴不限于个人数据，但个人数据可能涉及重要数据。《网络安全法》第21条、第37条规定了重要数据的安全等级保护与境内存储原则，尤其是重要数据跨境受到法律的严格监管。此分类并不是从个体出发，而是强调国家安全

---

① 韩旭至.个人信息类型化研究.重庆邮电大学学报（社会科学版），2017，29（4）：68-69.

② 何渊.数据法学.北京大学出版社，2020：55.

和社会公共利益。

第五种分类，根据个人数据与人格利益的紧密程度，将个人数据分为人格紧密型个人数据和人格疏远型个人数据。目的是使个人数据的本质与价值理念相调适。将识别性、敏感性和个体社会性作为参照标准，符合直接识别性、敏感性、个体性强三个特征之一的个人数据，属于人格紧密型个人数据。同时符合间接识别性、非敏感性、社会性强三个特征的个人数据，属于人格疏远型个人数据。[1] 对于人格紧密型个人数据，侧重于个人权益的保护，将同意权赋予数据主体；对于人格疏远型个人数据，侧重于个人数据的利用，适当限制数据主体的同意权。该分类的意义是：采用多维度识别个人数据的价值，体现个人数据的差异性，具有一定的积极意义，但是采取两分的方式，分类结果稍显简单。

此外，还有一些其他的分类，世界经济论坛根据数据的来源将个人数据的类型分为个人提供的个人数据、被观察到的个人数据与推测的个人数据。[2] 与之类似的有马尔吉里将个人数据的类型分为强关系数据、中级关系数据与弱关系数据，但是他主张将个人数据视为商业秘密进行保护的观点值得商榷。[3] 还有根据数据的来源以及数据加工深度，将个人数据分为原始数据、二次数据、三次数据等，该分类注意到数据处理的阶段性，但是并未区分数据的来源和性质。[4]

4.2.2.2 个人数据既有分类标准的借鉴

既有的研究有以下几方面的优点值得肯定：第一，个人数据类型化研究改变了传统的"一刀切"式保护模式，以个人数据不同类型的内涵与外延的差异化为基础，寻求不同数据主体和不同利益诉求的差异化保护。第

---

[1] 项定宜，申建平. 个人信息商业利用同意要件研究——以个人信息类型化为视角. 北方法学，2017，11（5）：30-39.

[2] The World Economic Forum，Rethinking Personal Data：Trust and Context in User entred Data Ecosystems（2014）[DB/OL]. http：//www3. weforum. org/docs/WEF_RethinkingPersonalData_TrustandContext_Report_2014. pdf/2020-07-01.

[3] Malgieri G. The Conflict for（Quasi）Property on Consumers'Information：A New Proposed Taxonomy for Personal Data. Social Science Electronic Publishing，2016：133.

[4] 王忠. 大数据时代个人数据交易许可机制研究. 理论月刊，2015（6）：134.

二，研究的关注点也从最初的个人数据的人格属性转移到个人数据财产属性和个人数据的公共属性，如原始数据、二次数据、三次数据的划分，就侧重于个人数据的财产属性，考虑到不同数据处理阶段其他数据主体的数据权益问题；又如重要个人数据与其他个人数据的区别，从数据安全的公共属性出发，对于金融领域个人数据尤其具有参考价值。第三，尝试增加个人数据的分类维度。如人格紧密型个人数据和人格疏远型个人数据的划分，虽然采用传统二分方式，但是在判断标准中，尽量摒弃"敏感度"判断标准的主观性，加入了识别性和社会性等客观标准作为辅助，提高了分类标准的细腻程度。

目前，学者们的一部分研究成果已经被法律所采纳，但是数据技术的不断迭代，新问题层出不穷，还需要从以下几个方面做进一步的探索。第一，摒弃单一从个人权益出发的个人数据分类视角，关注其他利益主体的利益诉求，基于利益平衡的思路，重新划分个人数据类型。第二，个人数据类型的划分维度稍显单一，注重静态维度的划分，缺少对个人数据处理动态维度的关注。大数据时代，个人数据的价值在于流动而不在于存储，个人数据静态的划分标准在动态的流转中存在适用的局限性，可尝试探讨个人数据在动态流转中的分类。第三，个人数据类型化的研究鲜少区分应用场景，如金融场景、健康医疗场景、政务管理场景等，不同场景下个人数据的规制目标和行为规范有所异同。因此，个人数据类型化的研究可以从利益平衡角度、动态流转维度和结合场景因素三个方面不断深化。

4.2.3 金融机构个人数据的静态分类与动态分类

在个人数据类型化方面，我国现行法律法规提出分级分类的规制思路，但是没有明确具体的个人数据分类标准。金融机构个人数据类型化的研究才刚刚起步，没有形成比较完备的类型化体系，这不仅是一个法律问题也是金融机构面临数字化转型升级的重要难题。

4.2.3.1 基于风险等级的金融机构个人数据的静态分类

在金融机构个人数据的相关法条中，通过列举的方式，将金融机构个人数据进行分类。《中国人民银行关于银行业金融机构做好个人金融信息保护工作的通知》规定，个人金融数据包括个人身份数据、个人财产数据、个人账户数据、个人信用数据、个人金融交易数据、衍生数据，以及金融机构在与个人建立业务关系过程中获取、保存的其他个人数据。《中国人民银行金融消费者权益保护实施办法》规定，个人金融数据是指金融机构开展业务或者其他渠道获取、加工和保存的个人数据，包括个人身份数据、财产数据、账户数据、信用数据、金融交易数据及其他反映特定个人某些情况的数据。《个人金融信息保护技术规范》规定，个人金融数据包括账户数据、鉴别数据、金融交易数据、个人身份数据、财产数据、借贷数据和其他反映特定个人金融数据主体情况的数据。

以上规定主要是以数据客体的差异及应用场景和社交关系作为分类标准，如：个人身份数据、个人财产数据、个人账户数据、个人信用数据等。这种分类标准立足于个体主体并从静态规制角度出发，这不仅与个人数据的利益形态多样化和保护目标多元化的特点不相吻合，而且无法兼顾多方主体对个人数据迥然相异的利益需求。从法律规制的视角看，这种分类标准的有效性不足。一方面，个人数据是重要的生产要素，不同个人数据的内容关联性极强。实践中，金融机构在收集和使用各类个人数据时往往不区分内容。例如，保险公司收集的消费者的健康数据，目的是充分了解消费者的健康状况控制保险风险，但是此类数据难以明确界定是医疗健康数据还是金融数据。另一方面，以数据内容差异作为分类标准不能实现数据分类保护的价值和目的，个人数据是以与人格利益的远近来区分保护的程度，越私密保护程度越高，内容维度的划分，不能完全契合个人数据保护的初衷。而且，该分类并未回应个人数据权利归属以及相关利益划分等实质问题。

金融机构个人数据具有以下几个特点：第一，强财产属性弱人格属性。金融机构个人数据的商业化更为频繁，通常情况下，消费者只是通过提供个人数据获得商家的免费服务进而实现个人数据的财产利益，但是，金融机构个人数据本身就能进行商业化使用，如个人信用数据、个人财产数据。第二，敏感度高。金融机构个人数据大部分是个人的财务数据。我们每天的收入支出信息存储在银行或者支付机构，我们购买基金、股票或者期货等证券资产信息存储在证券公司或期货公司，我们购买人身、财产等保险信息存储在保险公司，我们在金融机构面前基本上是财务透明。个人的财务信息一旦泄露或者滥用，轻者造成社会恐慌，重者危害金融消费者人格权益或者财产权益，风险系数高。第三，精准识别性。为了控制风险，金融机构个人数据具有极高的准确性，如个人信用数据，其准确性不仅关乎个人的社会信誉还影响金融的信用体系，个人的财产交易数据，稍有瑕疵不仅影响交易双方的财产关系，甚至会影响整个金融市场秩序。

数据类型化的意义是便于识别，鉴于金融机构个人数据特点，金融机构个人数据处理过程中最重要的并不是识别个人数据的内容，而是识别不同个人数据的风险，然后根据不同的风险等级采取不同的保护强度和保护手段。基于风险等级的类型化思路，一方面有助于提高金融机构个人数据处理的效率，划分等级，根据不同等级采取不同的处理方法，减少识别成本和风险评估成本，提高工作效率；另一方面控制金融机构个人数据处理的风险，对于风险等级高的个人数据采取高强度的保护手段，侧重于保护金融消费者权益，对于风险等级低的个人数据采取低强度的保护手段，促进个人数据流动。

金融机构个人数据风险等级的划分标准，宜采用客观性的标准。个人数据敏感度的判断标准具有一定的主观性，理论上，任何个人数据是否敏感都应该依据背景和环境做出评估，但是这种衡量标准弹性大，个案分析中容易产生歧义，反倒不利于个人敏感数据的保护。金融机构个人数据的强财产属性弱人格属性，采用客观的、强调"后果"的评价标准更具有可行性。也就是以金融机构个人数据一经泄露或者滥用产生后果的严重程度作为风险等级的划分标准。

《个人金融信息保护技术规范》就采用了风险等级的类型化思路。根据数据遭到未经授权的查看或未经授权的变更后所产生的影响和危害，将个人金融数据按敏感度从高到低分为C3、C2、C1三类。C3类别数据主要为用户鉴别数据，风险等级最高，一旦遭到未经授权的查看或未经授权的变更，会对个人金融数据主体的数据安全与财产安全造成严重危害；C2 类别数据主要为可识别特定个人金融数据主体身份与金融状况的个人金融数据，以及用于金融产品与服务的关键数据；C1 类别数据主要为机构内部的数据资产，提供金融业机构内部使用的个人金融数据。

上述金融机构个人数据类型化主要依据敏感度的标准进行划分，侧重对个人权益的保护，符合金融数据安全性的需求。但是，这种静态的分类存在一定的弊端，首先，此分类涵盖的个人数据的范围，仅以个人基本数据和被记录的个人数据为主，对于金融机构在原始个人数据的基础上进行的整理、汇编或分析的衍生数据并未包括在内。其次，海量个人数据所带来的巨大价值和潜在风险都与金融机构的数据处理行为相关。个人数据的动态性和场景性决定了在不同的情况下，对一项数据的处理和使用并非一成不变。对此，有学者指出，个人数据的定义是动态且高度依赖于具体场景的，无法做静态的类型化界定。数据的价值不在于存储而在于流转，金融机构个人数据处理的不同环节在本质上具有一致性，是围绕"与数据相关行为"而形成的一个全周期的数据生态系统，逻辑上具有关联性、递进性及往复性。①

4.2.3.2 基于数据生命周期视角的金融机构个人数据的动态分类

数据的价值并非一成不变，在数据生命周期的不同阶段，数据呈现出不同的价值。传统的个人数据保护将个人数据视为一成不变的权利客体，是一种静态保护思维的体现，不符合数据生命周期的发展规律，应切换到动态视角，结合不同阶段个人数据的利益形态，重新划分个人数据类型，在此基础上构建不同类型个人数据的保护制度。金融机构处理个人数据是一个动态的过程，个人数据的类型化也应该区分不同数据处理阶段、不同数据处理场景，在数据保护与数据利用中寻求平衡，促进数据的合理流动，使数据真正成为一种生产要素，创造更多的价值。

2016 年 1 月，美国联邦贸易委员会（Federal Trade Commission）发布

---

① 陈兵. 数字经济发展对市场监管的挑战与应对——以"与数据相关行为"为核心的讨论. 东北大学学报（社会科学版），2019，21（4）：390-391.

了一份关于大数据的分析报告。该报告将大数据的生命周期分为四个阶段：第一阶段收集；第二阶段编辑和合并；第三阶段数据分析；第四阶段使用。[①] 金融机构个人数据的生命周期可以参照此标准划分为收集、编辑整理、分析处理和数据利用四个阶段。

第一阶段：金融机构个人数据收集阶段。数据收集是数据流动的基础和起点，是金融机构在开展金融业务和提供金融服务的过程中，利用互联网、传感器等获取金融消费者个人数据的过程。数据的来源具有多样性，其收集方式主要是两种，一是个人在金融活动中主动提供的数据，主要为身份数据；二是被动采集的数据，主要为行为数据。这些数据样态都表现为个人原始数据，具备直接或间接识别到个人的能力。原始数据呈现分散和无序的特点，更多体现出个人的人格利益，其商业价值处于待开发状态，此时并不存在数据共享的需求。[②] 因此，个人数据收集阶段侧重于保护金融消费者的隐私权益和数据权益。

第二阶段：金融机构个人数据的编辑整理阶段。金融机构通过对原始数据的分析和整合，得出更为完整的客户数据的过程。例如，基于GPS定位获得的个人地理位置数据、基于金融服务的身份认证获得的人体生理数据、基于金融交易记录获得的个人偏好等。这些数据是在原始数据的基础上，进行初步汇总、整理和分析而成的个人数据集合。这个数据集合的内容丰富，能够全面反映金融消费者的身份、行为等内容，属于个人事实数据。金融机构主要基于原始个人数据编辑整理出的个人事实数据，具有规模性和有序性的特点，可以从中提炼出金融消费者的有效数据，主要是描述性的数据挖掘，真实性强，具有交换价值。此阶段的数据以原始数据为原料而生成，因此，金融消费者依然享有对于未匿名的个人事实数据控制其流转的权益；个人事实数据的有效价值是金

---

① 转引自苏今. 大数据时代信息集合上的财产性权利之赋权基础——以数据和信息在大数据生命周期中的"关系化"为出发点. 清华知识产权评论，2017（1）：262-291.

② 陈兵，顾丹丹. 数字经济下数据共享理路的反思与再造——以数据类型化考察为视角. 上海财经大学学报，2020，22（2）：122-137.

融机构对投入的成本进行编辑整理的结果，因此，金融机构对于个人事实数据享有财产权益。

第三阶段：金融机构个人数据的分析阶段。金融机构依赖数据处理技术，对原始数据和个人事实数据进行加工，使之成为具有价值的数据产品的过程。如金融机构以多维度的个人数据为基础依靠大数据技术给用户画像，分析客户的理财需求、风险偏好等。依赖于数据处理技术和算法生产的数据产品，更多的是对金融消费者行为或风险等方面的预期与评估，并不追求绝对的真实，不同的数据处理主体，采用不同的算法或技术，可能得出不同的预期结果，可以将此阶段的数据产品称为个人预测数据。对于个人预测数据，数据加工处理程度高，数据的价值得到进一步的挖掘，金融消费者没有参与处理过程，金融机构是个人预测数据的唯一生产者，享有全部财产权益。

第四阶段：金融机构个人数据的利用阶段。这是充分发挥个人数据价值的阶段。金融机构个人数据处理的目的就是利用个人数据开发金融产品、提高金融服务，进而获得更大的收益。因此，数据的收集、编辑整理和分析的最终目的都是利用。在数据利用阶段主要发挥作用的数据样态是个人事实数据和个人预测数据。

从金融机构的视角，以数据的生命周期动态发展为标准，金融机构个人数据的类型可以划分为：个人原始数据（身份数据、行为数据）；个人事实数据（个人数据集合）；个人预测数据（数据产品）（如表4.1所示）。

表 4.1 基于数据生命周期视角的金融机构个人数据的动态分类

数据生命周期	收集阶段	编辑整理阶段	分析处理阶段
个人数据类型	个人原始数据	个人事实数据	个人预测数据
个人数据内容	个人身份数据；个人行为数据	个人数据集合（对个人事实状态的描述）	个人数据产品（对个人未来行为或风险的预测与评估）

金融机构收集的个人原始数据主要分为两类，一类是金融消费者从事

金融活动的身份数据，包括个人识别性数据（如姓名、性别、民族、身份证号、手机号码、邮箱等能联系到特定个人的数据），这类数据通常是金融消费者主动提交给金融机构，能够直接识别到个人的数据；个人鉴别型数据（生物基因数据、账户数据、交易密码、查询密码等验证身份的数据）。金融机构个人数据的强财产属性弱人格属性决定了其个人身份数据不仅具有识别作用，而且与个人财产利益密切相关，属于个人敏感数据。另一类是金融机构记录的个人行为数据，它是金融消费者在金融活动中形成并被记录下来的数据，是金融活动的副产品。例如，交易指令、交易流水、证券委托、保险理赔、借贷数据等。这些数据不是个人主动向金融机构提供的，而是在金融活动中自动形成的。这些数据与其他数据结合能够识别到个人，一旦泄露或滥用会危及个人的隐私利益或财产利益。金融机构收集的个人数据，主要表现为零散的个人数据，经济价值有限，更多地表现为个人的人格利益，因此现阶段，金融机构个人原始数据应纳入隐私权和个人数据权益的保护范畴，金融消费者数据权益保护是该阶段关注的重点。

金融机构的个人事实数据，是金融机构在个人原始数据的基础上编辑整理而成的个人数据集合，主要针对个人数据描述性价值的挖掘。个人事实数据既具有人格利益又具有财产利益，呈现出多元利益结构。一方面，金融消费者对个人事实数据享有人格利益，金融机构对个人事实数据的处理不得侵害金融消费者的数据权益；另一方面，金融机构对个人事实数据享有财产利益，利用个人事实数据开发产品、提供服务和控制风险。因此，针对个人事实数据的法律制度设计应遵循利益分配原则，金融消费者对单个个人数据享有个人控制权益，金融机构未经许可不得超出约定的目的、范围、方式等处理个人数据；金融机构对个人数据集合享有财产权益，金融消费者不得主张个人事实数据的财产权益。

金融机构的个人预测数据，是金融机构进行深度加工和处理形成的数据资产等，是一种数据产品。个人预测数据是在原始数据和事实数据的基础上形成的衍生数据。虽然个人预测数据的形成以金融消费者的原始数据为基础，但是个人预测数据最终呈现的是依赖于金融机构大量的投入，是金融机构智力劳动创造的结果。例如，银行基于个人信贷数据对客户信用状况的分析，保险公司基于个人健康数据对客户寿命的预测等。目前，司法实践将金融机构数据产品的利益视为竞争性利益，采用反不正当竞争法进行保护，具有消极性和被动性，不利于促进金融机构对于数据价值的开发。数据产品具有数据资产属性，采用财产化路径有利于实现数据资源的优化配置。但是，数据产品进行交易时，需匿名化达到法律的标准，切断数据与个人的联系。

第5章
基于场景的金融机构
个人数据处理行为的法律规制

我国金融机构个人数据的法律规制一直存在重保密轻利用、重安全轻合规的问题。在金融机构个人数据类型化的基础上，对基于场景的金融机构个人数据处理行为进行法律规制，确保金融机构个人数据流通的各个环节都能得到法律的合理介入，是构建金融机构个人数据流通秩序的核心环节。

5.1 金融机构个人数据处理的基本原则

所谓"基本原则"，意在强调某些原则的根本性贯穿始终，有别于具体原则。[①] 同时也是立法者对某一领域所行政策的集中反映，是克服法律局限性的工具。[②] 从上述关于基本原则的学理阐释可知，个人数据处理的基本原则可以理解为贯穿个人数据处理全过程的根本原则，即数据的收

---

① 徐国栋. 民法基本原则解释：成文法局限性之克服. 中国政法大学出版社，1992：8.

② 徐国栋. 民法基本原则解释：诚信原则的历史、实务、法理研究. 北京大学出版社，2012：10-11.

集、存储、使用、加工、传输、提供、公开①等活动应遵循的基本准绳，是个人数据处理本质和规律及立法、行政、司法活动的集中精神反映。

综观世界主要国际组织及各国家或地区的现行的与个人数据保护相关的法律规定，对于个人数据处理原则的表述，有的采用列举式进行明确规定，如经合组织、欧盟等；有的融合到具体的法律条文当中，未明确标识，如美国、日本等。经合组织的指导纲领和欧盟1995年数据保护指令确立的基本原则为大多数国家和地区所接受和采纳。但是，各国立法、各地规章有微小差异，美国和欧盟是影响全球数据保护立法的最主要代表，了解欧美之间关于数据保护原则的差异，可以管中窥豹，对全球隐私保护规则的共性与差异有所了解。

5.1.1　一般个人数据处理原则的比较分析

5.1.1.1　国际上个人数据处理原则的演进与发展

1980年，经济合作与发展组织（OECD）发布《关于隐私保护和个人数据跨境流通指南》首次提出个人数据处理的八项基本原则，即收集限制原则、数据质量原则、目的特定化原则、使用限制原则、安全保护原则、公开原则、个人参与原则、责任原则。② OECD的主旨并不是建立一个个人数据的保护模式，而是构建一个基础性的原则，让成员国能够以此为依据建立各自的国内数据保护法制，从而实现该组织追求的多元民主、对人权的尊重和开放市场经济的三大目标。随着技术的不断发展，个人数据保护中的新风险和新问题层出不穷，上述八个原则呈现明显的滞后性，因此，OECD分别在2013年、2014年和2016年做出了新的修订，整体数据保护的主旨理念未变，在隐私和数据自由流动之间平衡，内容做了一些调整：第一，关注数据使用中效益与风险的评估，减少了对数据收

---

① 《民法典》第1035条第2款规定：个人信息的处理包括个人信息的收集、存储、使用、加工、传输、提供、公开等。

② 高富平.个人数据保护和利用国际规则：源流与趋势.法律出版社，2016：6-12.

集的事前告知、征得同意等关于数据主体的权利的依赖；第二，限缩或削弱目的特定化原则、使用限制原则的作用；第三，强化数据使用者对其数据处理行为的责任等。[①] 修正后的原则更加注重数据控制者的数据保护责任，注重数据处理环节的风险控制，体现了大数据时代社会对数据流动的需求。

2018 年生效的欧盟一般数据保护条例（GDPR）是目前国际上最受关注的个人数据保护法律文件，对其他国家或地区个人数据保护法律制度产生了深远影响。GDPR 规定的与个人数据处理相关的七项原则为：公平、合法和透明处理原则，目的限制原则，最少够用原则，准确原则，数据留存期限限制原则，完整与保密原则，责任原则。与 OECD 的八项原则相比，GDPR 的七项原则在价值取向和保护模式上其实比较清晰和单纯，就是保护数据主体的基本权利。以"数据主体同意"作为首要的合法性基础，并以数据主体的知情、同意、选择、控制为核心来构建整个制度模式。但是，建立在"同意"基础上的整个数据治理框架，其科学性和有效性值得画一个大大的问号。

美国白宫于 2012 年 2 月公布了由商务部制定的 FIPPS 报告，将透明度、个人控制、尊重情境、集中收集和负责使用、安全性、访问与准确性、责任性七项原则纳入隐私保护体系。随后，上述七项原则也体现在美国《加利福尼亚州消费者隐私保护法案》（CCPA）中。与欧盟相比，美国的隐私保护不再强调个人权利，特别是个人对数据处理活动的控制力，而是注重强调个人数据处理过程的透明性。美国的数据保护原则更多的是从企业个人数据保护的最低责任出发来规定的，而且首次将尊重情境引入法案，成为美国个人数据保护的一大亮点，体现了美国在个人数据流动方面给予企业更多的自主权。与欧盟原则的具体性不同，美国的原则总体上相对笼统，只是强调企业在数据收集和使用上受到限制，但没有具体说明将受到何种限制以及限制的原则是什么，为市场预留了

---

① 高富平. 个人数据保护和利用国际规则：源流与趋势. 法律出版社，2016：6-12.

较大的腾挪空间。

表 5.1　个人数据处理原则国际比较

法条	个人数据处理原则的内容
经合组织《关于隐私保护和个人数据跨境流通指南》（1980/2013）	收集限制原则、数据质量原则、目的特定化原则、使用限制原则、安全保护原则、公开原则、个人参与原则、责任原则
欧盟《一般数据保护条例》（GDPR）	公平、合法和透明处理原则，目的限制原则，最少够用原则，准确原则，数据留存期限限制原则，完整与保密原则，责任原则
美国《加利福尼亚州消费者隐私保护法案》（CCPA）	透明度、个人控制、尊重情境、集中收集和负责使用、安全性、访问与准确性、责任性

　　上述个人数据处理原则虽然各异，但是有着共同的发展趋势。第一，重视保护个人对数据的控制。大数据时代，个人数据的保护已经超出隐私利益保护范围，个人享有对个人数据控制的权利得到普遍的承认，数据主体有权决定个人数据能否被收集以及以何种方式、何种目的被处理。但是，传统的知情同意的保护方式不再行之有效，因此，各国普遍倾向于通过强化数据控制者的保护义务来保障个人数据权益。第二，注重对个人数据处理过程和质量的控制。例如，强化个人数据处理过程的透明性原则，透明性原则是 GDPR 新增原则，在 2013 年 OECD《关于隐私保护和个人数据跨境流通指南》公开原则及 2012 年美国 FIPPS 中都有所体现。透明性原则的目的是改变数据控制者与数据主体之间的信息不对称，让数据主体掌握更多的信息，做出对自己最有利的选择，保障数据主体对数据权利的行使。还有数据准确原则和最少够用原则，主要是保证数据的质量和控制个人数据的收集范围。个人数据的错误或不准确，会导致数据控制者做出错误决策损害消费者的合法权益。收集最小化原则，限制企业过度收集和存储个人数据，控制个人数据处理的风险。第三，加重事后追责、法律制裁的力度。这一点在 2013 年 OECD《关于隐私保护和个人数据跨境流通指南》中体现得最为明显，拓展了数据的责任主体范围，不仅数据控制者，数据处理者及相关的使用方也都要承担相应的法律责任。GDPR 更是加大

了责任主体的法律制裁力度。

5.1.1.2 我国一般个人数据处理原则的相关规定

我国个人数据处理的原则也体现在不同的法律规章中。早在 2013 年，我国工业和信息化部、全国信息安全标准化委员会、中国软件评测中心制定了《信息安全技术公共及商用服务信息系统个人信息保护指南》，规定了个人信息管理者在使用信息系统对个人信息进行处理时，宜遵循以下基本原则：目的明确原则、最少够用原则、公开告知原则、个人同意原则、质量保证原则、安全保障原则、诚信履行原则、责任明确原则。虽然该指南不具备法律效力，但是为后期个人信息保护立法奠定了基础。

2013 年修正的《消费者权益保护法》第 29 条首先提出了合法原则、正当原则和必要原则。规定"经营者收集、使用消费者个人信息，应当遵循合法、正当、必要的原则，明示收集、使用信息的目的、方式和范围，并经消费者同意"。2016 年《网络安全法》第 41 条也明确了"合法、正当、必要"的原则，规定"网络运营者收集、使用个人信息，应当遵循合法、正当、必要的原则，公开收集、使用规则，明示收集、使用信息的目的、方式和范围，并经被收集者同意"。2020 年颁布的《民法典》第 1035 条沿袭了《消费者权益保护法》《网络安全法》的规定，处理个人信息的，应当遵循合法、正当、必要原则，并增加了不得过度处理原则。

值得注意的是，从个人信息安全的角度，2020 年国家市场监督管理总局、国家标准化管理委员会发布的《信息安全技术　个人信息安全规范》，对"合法、正当、必要"原则做了进一步的细化。该标准不具有法律的约束力，但是对"合法、正当、必要"原则的细化，将成为各行各业个人数据处理的参照标准。2021 年颁布的《个人信息保护法》正式确立了个人信息处理应遵循的原则，在"合法、正当、必要"原则的基础上增加了"诚信"原则，强调处理个人信息应当采用合法、正当的方式，具有明确、合理的目的，限于实现处理目的的最小范围，公开处理规则，保证信息准确，采取安全保护措施等，并将上述原则贯穿于个人信息处理的全过程、各环节。由此可以看出，《个人信息保护法》整体上沿袭了《民法典》《网络安全法》的个人数据处理的原则。

从学术讨论和立法实践来看，传统个人数据处理规则主要围绕合法、正当、必要、目的明确、有限利用、公开透明等原则表述。区别主要在于：《消费者权益保护法》和《网络安全法》主要针对个人信息的"收集"和"使用"的行为，而《民法典》规制个人信息的"处理"行为，按照法条的解释，"处理"行为包括"收集"和"使用"行为在内。法律原则的确定是以该法的立法目标为指引，因此无论是《民法典》还是《消费者权益保护法》《网络安全法》均服务于权益保护或安全保障的不同制度预期。① 不能将基本原则简单、机械地照搬到金融数据处理场景中，应从立法目标、制度保障等多方面做全面的审思和阐释，防止出现规制的"偏差"，从而体现金融数据处理活动的特殊性。

5.1.2 金融机构个人数据处理原则的确定

个人数据与金融机构个人数据是一般与特殊的关系，金融机构个人数据处理必须遵循个人数据处理的共有原则。具体到金融领域，又有其处理的特殊性。确定金融机构个人数据处理的基本原则应考虑以下几个方面：第一，金融数据的安全性。金融行业的特殊性决定了金融机构个人数据处理首先应该注重数据处理的安全性，金融数据安全不仅事关金融消费者权益保护，还会造成系统性的金融风险。第二，金融机构个人数据保护与利用的平衡。金融机构个人数据处理不仅保护个人数据主体的合法权益，还应当激励金融机构有效使用和共享个人数据。第三，金融机构个人数据处理助力数字金融的发展。金融业先后从金融电子化过渡到金融信息化阶段，目前向数字金融阶段发展，数据是驱动数据金融发展的关键生产要素。金融数据处理的法律秩序有助于维护金融市场动态平衡，优化市场资

---

① 徐玖玖. 数据交易法律规制基本原则的构建：反思与进路. 图书馆论坛，2021，41（2）：77-88.

源配置。

因此，金融机构个人数据的处理，应以利益平衡为基点，以金融数据安全为底线，兼顾消费者数据权益保护和数字金融产业激励两个维度，明确金融机构个人数据处理的原则。包括：数据安全维度的安全保障原则；数据权益保护维度的公平处理原则、数据质量原则、责任原则；数字金融产业激励维度的情境一致原则、区分规制原则。

第一，公平处理原则。所谓数据处理的公平性，是指金融机构在处理消费者个人数据时，必须符合合理性的要求。金融机构与消费者之间是准"委托—代理"关系，准"委托—代理"关系与传统"委托—代理"关系最大的区别在于作为委托人的金融消费者授权作为代理人的金融机构并非出于自身利益考量，而是为了充分发挥信息利用价值的制度利益。[①] 作为受托人的金融机构在收集、存储、分析和使用消费者信息时应以消费者的利益为出发点，尽可能减少对其不利的影响。在判断个人数据处理是否公平时，应将数据处理可能给消费者带来的不利后果考虑在内，充分保护消费者利益。同时，金融机构个人数据处理公平原则还要求保障同等条件下的消费者取得相同或近似的金融数据处理条件，不因国籍、年龄、种族、民族等受到不公平的待遇。

第二，安全保障原则。强调金融机构的安全保障义务，金融机构在处理个人数据时，应采取一切可能采取的技术、管理等措施，保障消费者个人数据的准确、完整和安全。随着大数据、人工智能、云计算等新技术在金融业的深入应用，金融机构个人数据逐渐由附属要素转化为核心生产要素，其重要性日益凸显。金融业机构数据泄露等风险，不仅威胁金融消费者个人的人身和财产权益，其影响还会逐步从单个机构转移扩大至金融行业，甚至影响金融市场稳定和国家安全。因此，各国普遍都要求金融机构采取适当的技术措施来保护消费者的数据安全，如防火墙、密码保护、访问限制等。

---

① 张继红. 论我国金融消费者信息权保护的立法完善——基于大数据时代金融信息流动的负面风险分析. 法学论坛, 2016, 31 (6): 95.

第三，数据质量原则。金融的本质是风险控制，风险控制的基础是有效数据。[①] 金融企业为全社会提供各种金融服务，既是一种服务关系，也是一种合同关系，尤其是金融企业提供的资金服务所反映的是信用、保管、代理等关系，这就要求金融企业在服务中不得有失误，在其经营中所反馈的数据必须真实、可靠。面对金融科技带给金融业前所未有的冲击，数字化转型是金融业未来生存发展的必然选择。金融业数字化转型的核心是以数据为基础、以技术为驱动，用数据化思维和手段重塑金融业务和服务流程，将场景、产品和服务转化为数据化形态，提高用户体验，促进金融行业的发展。从目前情况看，数据质量问题不仅阻碍金融机构向高质量方向发展，还影响监管效率。这些数据驱动的业务决策模式，高度依赖于数据的全面、精准和高时效，数据质量参差不齐，不准确或无效数据的使用容易导致金融机构决策出现偏差，甚至业务风险上升。2018 年，中国银行保险监督管理委员会发布《银行业金融机构数据治理指引》，全面强化数据质量要求，建立数据质量控制机制，确保数据的真实性、准确性、连续性、完整性和及时性。2020 年 5 月，中国银行保险监督管理委员会因数据质量问题对包括四大行在内的 8 家大型商业银行共罚款 1970 万元。[②] 金融机构个人数据是金融数据的重要组成部分，较之其他行业，金融业对数据质量的要求更高。不准确的数据也会损害消费者自己的利益，如银行掌握的不准确信息可能导致其对消费者的错误评估。因此，金融机构个人数据应确保准确，并及时更新，对于错误的数据，应尽快更正。

第四，情境一致原则。从金融机构个人数据的应用实践看，目的明确原则、限制利用原则的有效性较低。金融业务复杂，数据链条长，数据收集和使用及后期的二次开发和利用都具有高度不确定性。用最初的目的去限制数据的二次利用会大大折损数据的价值，不利于金融市场的发展。保

---

① 京东数字科技研究院. 数字金融. 中信出版社，2019：30.
② 八银行因数据质量及报送违规被罚. ［2020 - 04 - 15］. 中国银行保险报，http：//xw. sinoins. com/2020-05/11/content_342795. htm.

护个人数据应兼顾个人数据的合理利用，重要的是需要合理控制可能产生的风险，即防止个人数据的处理给用户带来差别待遇、人身损害、财产损害等可能性。美国《加利福尼亚州消费者隐私保护法案》中大部分保护措施就是构建在可能产生的隐私风险的基础上。个人信息利用尤其是二次利用是否合理，并非取决于是否符合最初授权使用的目的，关键在于该利用是否存在不合理的风险，是否符合个人授权时的预期，或者符合个人披露信息时的情境。大数据环境下，应将目的限定、使用限制原则修订为信息使用的情境一致原则。① 情境一致原则要求金融机构处理个人数据的情境，应与其提供数据时的情形和期望保持一致。例如，银行开发了某项新的储蓄产品，它可以用现行的客户信息数据库对该新产品的可行性进行分析，但是，如果该储蓄产品由保险公司开发，保险公司就无权动用其掌握的保险消费者的信息来分析，因为，保险消费者将其自身信息提交给保险公司时是为了获得相关的保险服务而不是储蓄，且没有理由预料到其数据可能被保险公司用于储蓄产品开发，这与消费者提供数据时的场景和预期是不符的。②

第五，区分规制原则。对金融机构个人数据进行分级分类规制，即针对不同的数据采取不同的规制强度和规制方法，这应该是贯穿数据处理全过程的基本原则。金融数据分级分类规制的目的是在数据权益保护和数据开发利用之间进行平衡。金融数据的种类丰富，从数据监管视角看，金融数据分为个人金融数据、金融重要数据和其他金融数据，其中个人金融数据和金融重要数据是最为敏感的一类数据，它们又存在一定的交叉，如果采取"一刀切"的方式规制数据，既不利于数据权益保护也不利于数据开发利用。因此，最佳的方式是对金融机构个人数据进行类型化，针对不同类型的数据进行不同的规制，实现保护与利用的动态均衡。

---

① 李媛．大数据时代个人信息保护研究．博士学位论文，西南政法大学，2016.
② 张继红．大数据时代金融信息的法律保护．法律出版社，2019：212.

5.2 金融机构个人数据收集行为的法律规制

《个人金融信息保护技术规范》（JR/T 0171—2020）中第3.6条规定，"收集行为包括由个人金融信息主体主动提供、通过与个人金融信息主体交互或记录个人金融信息主体行为等自动采集行为，以及通过共享、转让、收集 公开信息等间接获取个人金融信息等行为"。该条规定的"收集"不包括仅由消费者用于访问平台或终端的个人信息。例如，手机银行客户端获取的用户指纹信息，该信息仅用于用户访问平台，手机客户端并不将此信息回传给金融机构，因此不属于对用户指纹信息的收集行为。当前，金融机构在数据收集环节违法违规收取、抓取和买卖各类数据事件频发，危及公民的人身、财产安全，影响企业正常经营活动以及威胁到国家安全和社会稳定，对金融机构个人数据收集行为有必要进行深入的研究和探讨。个人数据收集是个人数据处理的首要环节，"不从源头设计个人数据保护，无法真正防范信息安全风险"①，明确金融机构个人数据收集行为的法律规范，从源头上规范金融机构个人数据流动的法律秩序。

5.2.1 大数据时代金融机构个人数据收集的转变

5.2.1.1 大数据时代金融机构个人数据收集方式和场景的转变

随着计算机网络、移动互联网、智能手机、智能终端以及云计算等信息技术的飞速发展，数据技术在给金融业赋能的同时，也带来了金融数据收集场景的迅速转变。金融机构收集个人数据已经从简单的客户资料记录发展到个人数据全面分析阶段，其应用也从客户身份识别逐渐拓展到精准营销、信用评估、智能投顾、风险定价、交易欺诈识别等场景。金融机构个人数据收

---

① Ira S. Rubinstein. Regulating Privacy by Design. Berkeley Technology Law Journal, 2011（26）：1410.

集的途径主要有三种：一是在提供金融服务和产品的过程中，消费者主动提供，如办理金融业务时，消费者需提供姓名、身份证、电话号码、住址、银行卡号等基本信息。二是消费者使用金融产品和服务的过程中浏览行为、交易行为等被记录下来，如网上银行，众筹融资类、P2P类、第三方支付类等互联网金融平台，支付类、理财类、记账类、借贷类等移动金融 App，消费者的浏览行为、消费行为、借贷行为、操作行为等被后台记录下来。三是从第三方机构获取的数据，如从数据公司、专业调查公司、消费者研究公司等机构购买，或者从客户授权的其他系统中获取。①

金融机构个人数据收集的方式：在互联网还没有普及之前，金融机构传统的个人数据采集，主要通过人工采集，包括自填式、面访式、电话式。随着网络的普及和信息技术的发展，金融机构收集个人数据的方式也逐渐多样化。网络采集分为线上和线下两种类型。线上数据采集主要通过网络终端后台实现，如档案、日志、浏览、点击等相关信息；线下数据采集则通过传感器、磁卡片、RFID 技术等获取用户的线下行为数据，从而建立用户的行为数字数据库。② 目前，实践中网络数据采集的方式主要有四种：第一种方式是由用户按照标准的格式自助上传个人信息，网络服务提供者的系统自动存储这些信息，此类信息通常为指定的格式，系统能够直接识别。第二种方式是客户上传图片、照片、视频、人体生物信息等信息，网络服务提供者的系统对此类信息通常应作解析处理，并将解析后的数据转换成系统能够识别的格式加以存储，也可以不读取数据而直接以图片等文件格式进行存储。第三种方式是由网络服务提供者自行采集数据。使用这种方式采集数据的，网络服务提供者可以通过公开渠道收集合法公开的信息、通过自己提供的服务记录用户的行为并存储、要求客户自行提供数据。第四种方式是由网络服务提供者委托第三方采集数据。包括两种方式，一是使用第三方已经采集完成或者加工完成的数据，如征信机构的

---

① 程一楠. 对互联网金融大数据的几点思考. 经济师，2018（10）：168.
② 陈利萍. 门户网站分布式数据挖掘云平台架构分析. 数字技术与应用，2018，36（5）：184-185.

征信信息，这种方式中，第三方是数据的持有人。二是网络服务提供者委托第三方向数据的持有方（如移动通讯服务商）收集用户的数据，网络服务提供者之所以委托他人向数据的持有方采集数据，通常是由于采集数据过程中需要借助某些技术手段，而网络服务提供者不具备这样的技术，这种方式中，第三方并非数据的持有人。①

5.2.1.2　金融机构个人数据收集阶段消费者利益诉求的转变

金融机构在进行金融活动时，必然要收集消费者的个人数据，这一传统由来已久。但是，随着大数据时代的到来，个人数据的价值发生了转变，消费者对于个人数据的利益诉求也随之转变。

小数据时代，金融机构收集数据主要用于客户身份识别，金融机构的个人数据不仅具有人格属性还具有财产属性，因为涉及个人的资产安全，个人对于金融机构的利益诉求主要是保密，金融行业形成之初就对金融机构的保密义务提出了较高的要求，个人金融数据基本上都被纳入敏感信息范围，金融监管部门亦一直将保密义务作为金融监管的重点。大数据时代，个人数据的价值不仅具有记录的功能，而且能产生价值的生产要素，海量的个人数据成为金融机构重要的数据资产。数据的潜在价值，使得金融机构天然具有扩张收集和使用个人数据的动机。在这一利益的驱动下，金融机构在实践中不断突破个人信息保护法中的必要性原则、最小化原则等。事实上，金融机构在利益的驱动下扩张性地收集数据已经成为一种趋势，不仅收集与金融活动所必需的数据，还会收集其他与金融活动无关的数据作为资源储备，甚至利用这些数据与其他需求方进行交易实现增收。在这一背景下，金融机构的保密义务已经不能满足金融消费者对权利保护的需求，金融消费者的利益诉求不仅仅是保密，还延伸到对个人数据的知情权、选择权和控制权等数据权益的保护。

5.2.1.3　金融机构个人数据收集规制重点的转变

随着数据收集方式的变化，金融机构个人数据收集行为规制的重点也

---

① 刘乃晗．网络数据采集的合规边界．［2020-11-26］．https：//www.mpaypass.com.cn/news/201911/11150311.html.

在发生变化。大数据时代，数据来源的多样性、数据收集方式的隐蔽性、数据技术的复杂性等，都使得金融消费者完全丧失对个人数据的控制权。对个人数据的收集应该建立在个人充分知情的基础上，并自愿做出是否提供个人数据的选择，但是实际上，金融消费者很难做到在充分知情的基础上自主行使个人数据自决权。

首先，金融机构在经济上和技术上居于强势地位，通过复杂的隐私政策或者用户界面的复杂设计，侵犯金融消费者的知情权。例如，金融机构通常将隐私政策设计的篇幅冗长、结构复杂、用词专业晦涩，或者在用户交互界面上，设置误导性链接、复杂的表格等，使得金融消费者难以知悉个人数据采集后可能伴随的风险。其次，金融消费者的有限理性和金融专业知识的匮乏，使得金融消费者难以正确实施个人数据自决权。一方面，金融消费者的有限理性容易陷入认知偏差，使得金融消费者很难真正认识到个人数据处理的风险，或者即使意识到风险，也会因过于乐观而忽视风险的存在，做出于己不利的自主选择。另一方面，由于金融产品和服务的专业性，使得金融消费者无法明确哪些个人数据是必须提供的，哪些是可以不提供的，大部分金融 App 都是利用金融消费者的不知情超范围采集个人数据。最后，数据技术发展带来的结果不确定性。即便是掌握数据技术的金融机构，在面对算法的"黑箱效应"时，也无法完全控制数据经自动化处理后可能带来的风险。[①]

金融消费者的知情同意是金融机构采集个人数据的合法性基础，双方的信息不对称，数据收集范围、方式、目的等的不合规，是导致金融消费者在数据收集环节权益受损的重要原因，因此，对于金融机构个人数据收集阶段的规制重点是保障金融消费者的知情权和选择权。主要集中在个人数据收集的范围，知情同意的制度设计，既要保障金融消费者在充分知情的基础上自主行使个人数据自决权，又要将个人数据收集的成本控制在合理的范围内促进金融数据的流动。

---

① 郑佳宁. 知情同意原则在信息采集中的适用与规则构建. 东方法学，2020（2）：198-208.

5.2.2　金融机构个人数据收集中存在的法律问题

随着数据的经济价值日益凸显，数据已成为众多主体趋之若鹜的巨大经济资产，各类金融机构都在竭尽所能地收集个人数据，导致数据收集领域乱象丛生，各种问题层出不穷。

5.2.2.1　金融数据收集主体的资质问题

个人金融数据识别性强，敏感度高，与消费者个人的人格利益、财产利益密切相关，只有金融机构才可以收集个人金融数据。但是何谓"金融机构"，一直存在争议，从事金融活动收集个人数据的金融机构应该如何划定。众所周知，随着数字经济的到来，排除金融监管部门，金融数据控制者并不仅限于传统持牌金融机构，如银行、证券公司、保险公司，很多大型科技公司和互联网企业也已经进入金融领域。金融数据控制者包括：一是传统金融机构，包括银行、证券公司、保险公司等，涉及用户金融资产、负债、交易信息；二是第三方机构，包括支付平台、电子商务平台、物流渠道等，涉及用户非金融交易信息（如购物、销售、物流等，有助于用户行为模式分析）和部分金融交易信息；三是涉及跨机构、跨平台全量交易数据的平台（如银联、网联等）和征信数据的平台（如人行征信、百行征信等）。有些金融数据控制者，如传统金融机构，有着严格的资质要求，也在金融监管的范围内，但是一些新兴的互联网金融公司、金融科技公司，还有大型互联网平台，并不在金融监管的范围内，数据保护水平良莠不齐，这也是造成金融数据采集风险的重要原因。

5.2.2.2　个人数据的过度采集和强制授权问题

数据是石油，数据是黄金，已经成为数字经济的常识。金融机构争夺数据资源无形中造成个人数据采集中的各种风险隐患。隐私护卫队实测银行隐私保护水平，个别银行会强制用户授权获取手机信息权限，否则 App 无法正常使用；还有少数 App 会默认获取手机信息权限，直接绕过用户授权这一步骤。金融机构过度采集个人数据主要采取两种路径：一是欺瞒消费者，采集个人信息。不明确履行告知义务或者欺瞒消费者收集个人信息。有的是 App 的网络运营商，直接欺瞒消费者，也有的是第三方开发公司欺瞒运营商和消费者，将收集个人信息的模块嵌入 App 系统，偷偷进行后台采集。① 二是利用信息技术秘密收集客户数据。（1）平台方可以设立网页端利用用户浏览器自动存储的 Cookie 信息获取用户日常浏览其他网站所形成的"用户习惯"及"用户画像"。（2）平台方也可以通过开发移动设备（如智能手机、智能手表及平板电脑）的 App 软件从而利用移动设备内用户的照片、麦克风、后台定位等手段随时跟踪获取用户的日常个人信息。随着生物可识别技术的发展，目前平台方还可以利用可识别的用户生物指纹、视网膜、面部特征等信息来分析用户的基因信息及生物信息。（3）平台方还能够通过在第三方社交软件开发内置公众号及小程序等方式间接收集用户的个人社交信息，大多数用户在选择"同意"平台方获取其个人资料时，一般情况都认为平台方仅仅获取用户的基本注册信息，但是许多互联网保险平台也会通过内嵌的小程序间接获取用户在该社交平台所分享的一切社交信息。② 三是强制收集数据。个人与金融机构之间存在严重的信息不对称，金融机构滥用隐私协议中的霸王条款实现一揽子授权的情况时常出现，告知同意的保护模式逐渐失效，个人在选择金融服务的时候没有议价权，要么全盘同意要么彻底退出。

5.2.2.3 知情同意原则的异化问题

知情同意原则对于个人数据保护而言具有"帝王条款"的意义，就像意思自治在民法中的地位。知情同意原则要求数据收集者在收集个人数据的过程中，需明确告知数据主体收集数据的类型、处理方式、使用目的等情况，保证数据主体在充分知情的情况下做出是否同意的决定，只有在数据主体表示同意的基础上，才可以收集个人数据。实际上，知情同意原则被全球范围内的个人信息保护立法普遍采用。20 世纪 70 年代，国际社会关于个人信息保护的基本原则和理念初步形成。其实，知情同意原则不过

① 洪延青. 过度收集个人信息如何破解及国家标准的路径选择. 中国信息安全，2019（1）：90-93.

② 潘磊阳. 互联网保险个人信息收集使用阶段的法律风险与防范. 硕士学位论文，华东政法大学，2019.

是个人具有对个人信息自治自决的权利。但是，这个看似严格保护的规定，却是形式大于内容，没有起到真正的保护作用。首先，在海量数据的金融领域，"知情同意"的保护框架给金融消费者和金融机构都带来了困扰。从金融消费者的角度看，金融消费者面对长篇累牍的隐私公告，没有时间通篇阅读，即使阅读，由于自身的专业知识匮乏，也难以理解隐私协议的专业性。事实上，很少有消费者阅读隐私公告，"知情同意"保护框架看似赋予了金融消费者自主选择的权利，但是这种格式化的隐私公告并不能发挥公告和意思表示的功能，所谓的金融消费者的自我选择，也是没有经过深思熟虑，甚至是无可奈何的选择。从金融机构的角度看，"知情同意"的保护手段增加了企业的运营成本，此类成本的增加，对于保护金融消费者的隐私并无太大助益。金融机构将大量的资源投入隐私公告的合规成本上，只要金融消费者同意，金融机构就可以合理地规避法律风险。对于信息在收集、使用、流转中存在的泄露和滥用的风险关注度不够。其次，知情同意机制在执行中被异化。实践中，金融机构已经将这种知情同意机制设置为一种近乎默认的机制，导致很多消费者并没有主动做出"同意"的选择就已经构成了"同意"，如前述某支付平台事件，将个人同意设置为默认勾选事项即是如此。

5.2.2.4 间接收集个人数据来源的合法性问题

金融机构个人数据收集分为直接收集和间接收集，这里的间接收集主要指的是从第三方机构获取的个人数据。实践中，金融机构从第三方机构获取个人数据的合法性问题频发，已经受到监管部门的高度关注。如前述提到的"助贷""联合贷"的业务中，第三方机构采取非法爬取、窃取、非法买卖等方法获取的个人数据，并经过标准化整合后提供给金融机构，这些数据流向金融机构必然增加风险隐患。2019年9月以来，一场迅疾浩大的风暴席卷了大数据风控行业，多家大数据公司、征信公司被监管机构调查。这些公司被查都与其爬虫业务非法获取用户信息有关。大数据时代，数据的采集是一项重要的工作，爬虫技术的合理应用大大节省了数据采集的成本，提高了数据收集的效率。网络爬虫技术本身并不违法，但是爬取的数据是否经过用户的授权、爬取的数据如何使用、爬取的数据范围是否适当等方面都存在很大的争议。这些问题都影响爬取数据的合法性，因此金融数据爬取受到金融监管部门的严厉整治。

5.2.3 金融机构个人数据收集环节法律规制的完善

5.2.3.1 金融机构个人数据控制者的资格准入

数字金融时代的到来，使得金融数据的控制者不仅限于传统的持牌金融机构，还有大型科技公司和互联网公司等。个人数据一经提供或记录，就彻底脱离了数据主体的控制范围，个人数据的处理风险也主要发生在数据控制者处理个人数据的过程中，因此，规范个人数据处理的重点就是规范数据控制者的个人数据处理行为。而数据控制者是否遵守了相关的法律规定，是否具备数据保护的相关技术水平应该是法律规制的重点。不同于其他行业，金融行业对数据的安全性要求很高，也是黑客攻击的重点，为了保证金融数据的安全与合规，应该在事前制定金融数据控制者的准入条件。参照《信息安全等级保护管理办法》，制定金融数据安全保障技术标准，评估数据控制者的数据安全保障能力，只有达到数据安全保障技术标准的数据控制者，才可以收集个人金融数据；达不到数据安全保障技术标准的数据控制者，禁止其收集个人金融数据。同时，金融与科技的融合，使很多金融业务披上了科技的外衣，游离于监管之外，产生风险隐患。应将实践中收集个人金融数据的科技企业、大数据风控公司等未列入金融监管的机构逐步纳入金融监管框架。对于特殊类型的个人金融数据，如个人征信数据没有监管机构的批准，不得收集。

5.2.3.2 金融机构个人数据收集范围的限制——强化最小必要原则

最小必要原则，是指数据收集行为的范围应当限于最小必要数据，即保障某一金融产品或服务正常运转所需的最少的个人数据，或者法律法规明确规定的收集的个人数据范围，必要性的衡量标准是缺少这些个人数据就会导致该产品或服务无法正常运转。最小必要原则是个人数据收集的普遍规则，具体到金融领域，如何实现最小必要是法律规制的重点。最小必要原则至少包括两个方面的内容：一是金融机构收集个人数据最小必要的边界；二是在动态的收集过程中，违反最小必要原则的判断标准。

对于最小必要原则的边界，《信息安全技术　个人信息安全规范》和《网络安全实践指南——移动互联网应用基本业务功能必要信息规范》提出了明确要求，可以作为金融机构收集个人数据的借鉴：其一，收集的个人信息的类型应与实现产品或服务的业务功能有直接关联，直接关联是指没有上述个人信息的参与，产品或服务的业务功能就无法实现；其二，自动采集个人信息的频率应是实现产品或服务的业务功能所必需的最低频率；其三，间接获取个人信息的类型和数量应是实现产品或服务的业务功能所必需的最少类型和数量。上述规定首先通过"直接关联"这一概念对最小必要信息的范围进行了界定，且将个人信息划分为自动采集和间接获取两类，并分别从"最低频率"和"最少数量"对收集这两类信息的行为划定了最小必要原则的边界。

在收集过程中，违反最小必要原则的判断标准，可以参照《App 违法违规收集使用个人信息行为认定方法》提出的违反必要原则的六类行为：收集的个人数据类型及获取的权限与业务功能无关；用户拒绝提供非必要信息和权限，就无法使用业务功能；新增业务功能超出用户原有的授权范围，用户不同意，拒绝提供原始业务功能；收集个人数据超出业务功能的实际需要；仅以改善服务、产品研发等非核心业务功能为由强制收集个人数据；强制用户一次性授权。上述行为是对违反最小必要原则的细化，也为监管机构执法提供参照依据。

5.2.3.3　金融领域知情同意法律框架的构建——差异化的知情同意

虽然知情同意的个人数据保护框架受到诸多的诟病，但从维护消费者的知情权和选择权的角度，知情同意依然是最能体现对个人权利的尊重和保护的制度设计，也是各国通行的个人数据采集的基本原则。但是，知情同意原则在各国践行的方式有所不同，围绕消费者在数据收集中的选择与参与，主要分为选进和选出两种模式。一是选进模式，消费者在个人数据采集的进程中有选择进入的权利，即消费者同意是个人数据采集的合法性基础；二是选出模式，是消费者在个人数据采集的过程中有选择退出的权利。在选出模式下，企业无须征得消费者事前同意就可采集个人数据，但是，被采集数据的消费者可以选择退出采集流程，不选择退出即视为同意采集。两者的区别就在于，选进模式是消费者的明示同意，选出模式是消费者的默示同意。这两种模式的背后体现了各国在消费者权益和企业利益之间做出的不同的价值权衡。选进模式偏重消费者对个人数据的控制和自决；选出模式偏重个人数据的商业化利用效率。从全球的立法情况看，欧盟采取"选进模式"为主的个人数据采集机制，偏重于保护消费者数据权益。美国采取"选出模式"为主的个人数据采集机制，偏重于保护企业对个人数据利用的效率。即使是号称美国史上最严厉的隐私保护法案——2018年《加利福尼亚州消费者隐私保护法案》，依然以"选出模式"为主导，企业可以先行采集用户信息，只是在行为发生时或发生前，应对用户进行相应的信息披露。[①]

我国《民法典》明确规定，收集个人数据"需征得该自然人或者其监护人的同意"。《个人信息保护法》规定收集个人信息需取得个人的同意，"基于个人同意处理个人信息的，该同意应当由个人在充分知情的前提下自愿、明确作出"。《中国人民银行金融消费者权益保护实施办法》规定"银行、支付机构处理消费者金融信息，应当遵循合法、正当、必要原则，经金融消费者或者其监护人明示同意"。考虑到消费者金融信息的高度敏感性，中国人民银行规定金融机构收集个人数据采取明示同意的方式。但是，这种对个人数据不做区分地采用一般性规定的方式，在实际操作过程中并不能起到很好的保护作用。一方面，所有的个人数据收集，都需要经过消费者的明示同意，会增大金融机构的运营成本；另一方面，金融机构为了节约成本，规避法律责任，往往采用格式合同中的霸王条款，强制授权，进而免责。

采取差异化的知情同意规则，针对不同类型的个人数据采取不同的

---

① Article 1798. 100. （a），Article 1798. 100. （b），California Consumer Privacy Act of 2018 ［DB/OL］. https：//cdp. cooley. com/ccpa-2018/2020-10-10.

收集模式，在消费者权益保护和金融机构数据利用之间寻求平衡。具体而言，从维护消费者数据权益出发，考量到个人数据的收集方式、收集成本和收集效率等几个方面，对不同的个人数据，分别采取选进或者选出模式，以降低个人数据的收集成本，提高收集效率。从数据收集的方式看，一类是消费者主动提供的数据，主要是消费者身份数据；另一类是消费者的具体行为产生的，被金融机构记录下来的数据，主要是行为数据。对于第一类数据，采取选进模式；对于第二类数据，采用选出模式。针对第一类个人数据采取选进的模式，争议并不大，实践中，金融机构在需要消费者提供个人数据时都采用明确告知、明示同意的方式，最大限度地保护消费者权益。争议最大的是第二类消费者行为数据，是否适用选出模式？

对于消费者行为数据适用选出模式的理由如下：第一，从消费者权益保护出发，消费者的行为数据虽然隶属于个人数据的范围，但是与消费者的人格利益特别是隐私利益关涉甚微。网络行为数据作为对用户在线活动轨迹的反映，主要由用户的交易行为记录、浏览行为记录、搜索行为记录等组成。[①] 金融机构收集消费者行为数据的目的主要是商业应用，不存在侵害消费者隐私的主观意愿。第二，从个人数据价值最大化的角度看，消费者行为数据最大的价值在"二次开发利用"[②] 上。也就是说，只有金融机构才能实现消费者行为数据的价值最大化。过于强调消费者对个人网络行为数据的控制权，不利于该类数据价值的实现，也有违数字金融的价值理念。第三，从消费者个人数据的采集实践出发，对于消费者行为数据采取明示同意的方式，不符合大数据时代下数据技术发展的现实需求，最终一定会流于形式。在现有网络架构之下，由于技术性使然，网络行为数据

---

① 梅夏英，朱开鑫. 论网络行为数据的法律属性与利用规则. 北方法学，2019，13（2）：32-41.

② 二次开发利用，是指信息控制者将其收集的个人数据，通过一定程序算法的分析、筛选、对比、加工等方法，进行整理和重新组合，形成附加值更加突出的个人信息数据库，再对该数据库进行利用的过程。参见张涛. 个人信息权的界定及其民法保护. 博士学位论文，吉林大学，2012.

一旦产生便由网络服务提供者而非网络用户自身所直接占有和控制。① 诸如金融消费者登录、浏览、交易等各种网上的行为记录都会实时存储在金融机构的后台服务器中，对于此类行为记录，即使金融机构没有明确告知，消费者也应知晓或者在其预知的范围内。因此，对于此类数据的收集，赋予消费者选择退出的权利，既减少了金融机构的收集成本，也不会在实质上损害消费者权益保护的利益诉求。

此外，为了维护公共利益和其他合法利益的实现，知情同意原则也要受到一定的限制。例如，金融机构在履行反洗钱、反恐怖融资、反贪污受贿、税务征收、信用信息披露等义务时，即使没有得到个人的授权同意，其收集行为也是合法的。

5.2.3.4　间接收集数据的法律规则

间接收集数据的行为主要包括共享、转让、收集公开信息等间接获取数据的行为。我国数据市场刚刚起步，发展并不成熟，但是，数据自身的属性决定了数据的流动与融合是市场发展的必然需求。欧盟 GDPR 旨在保护数据主体知情权的第 13 条和第 14 条对数据控制者在直接和间接获取个人数据时应向数据主体提供的信息分别作了规定。间接获取个人数据应提供以下信息：数据控制者的身份和详细联系方式；数据保护官的详细联系方式；个人数据处理的目的及法律依据；相关个人数据的种类；个人数据接收方及接收方的种类；控制者意图将个人数据向第三国或者国家组织进行传输，委员会是否就此问题作出充分决议；采取的保护个人数据的合理安全措施以及获取复印件的方式等。②

我国法律对于间接获取数据的相关规定散见于各类行政规范和标准中，如《信息安全技术　个人信息安全规范》对于间接获取数据的行为，授权同意原则包含三点要求：提供方说明个人数据来源，并确认个人数据

---

① 梅夏英. 虚拟财产的范畴界定和民法保护模式. 华东政法大学学报，2017，20（5）：42-50.

② General Data Protection Regulation. Article 14.［2020-02-03］. https：//gdpr-info. eu/.

来源的合法性；充分了解并确认提供方已获得的个人数据授权的范围、目的等；超出已授权范围的，需征得个人数据主体的明示同意。① 对于间接获取数据的数据控制者的责任问题，《数据安全法》规定，与直接收集个人数据的数据控制者一样，负有同等的保护责任和义务。

结合相关的规定，金融机构在间接收集个人数据的过程中，至少有三方面义务：第一，金融机构负有对个人数据来源的审核义务。审核内容如下，数据来源是否合法，如爬虫获取的数据，爬虫获取的数据本身并不一定违反法律，关键是如何爬取、爬取数据的内容，以及爬取数据的用途；个人数据提供方需提供个人数据授权的范围、目的、是否同意转让等；金融机构收集数据的处理目的是否超出已获得的授权同意范围。第二，金融机构应确保个人数据来源的可追溯性。数据来源的可追溯性是从技术角度对金融机构提出的要求。数据自身的易复制、易扩散等特点决定了对其溯源具有一定的难度，目前不少技术根据追踪路径重现数据的历史状态和演变过程实现对数据的溯源。金融机构数据来源的安全性与合法性至关重要，当不具有安全性的数据流入金融领域，会引发系统性金融风险。因此，金融机构有必要建立数据溯源机制，确保流向金融领域的数据都能追踪到数据的源头，以保证金融数据的安全与质量。第三，金融机构对间接获取数据的保护责任与义务。金融机构对于间接获取的个人数据负有和直接获取个人数据一样的保护义务与责任，不能因为间接获取而减免。

5.3　金融机构个人数据共享行为的法律规制

5.3.1　金融数据共享的背景和模式

互联网、大数据、人工智能等现代信息技术不断推动数字经济的发

---

① 参见《信息安全技术　个人信息安全规范》第5.3条（b）。

展，数字经济最为关键的环节是"数据的流通与共享"。发展数字经济已经成为各国的共识，无论是欧盟还是美国，均将数据流通作为国家的优先发展目标。顺应这一形势的发展，金融机构正在不断进行数字化转型，在金融机构数字化转型中，数据的流通与共享是提供个性化服务、降低金融服务成本、促进金融产品开发、提高金融运作效率的基础。单个数据的价值有限，要激活金融数据的价值，必须依赖数据的流通与共享。在所有的金融数据中，金融机构个人数据兼具敏感性和公共性，具有特别重要的规制意义。

金融数据的流通与共享对金融机构来说意义重大，金融业务的本质是全面的风险管理，数据的共享有利于防范金融风险。首先，金融数据的流通与共享有助于降低信用风险，金融交易双方的信息不对称是产生信用风险的主要原因。金融数据的流通与共享促使海量多维度的数据融合，有助于金融机构多维度、全方位地对金融消费者的风险等级进行评估，提高风险识别能力，降低信用风险。其次，金融数据的流通与共享有助于控制金融机构的操作风险。数据的流通有助于在监管部门与金融机构之间建立信息共享和反馈机制，当数据处理某一环节出现问题，系统会自动识别并纠错，形成监管主体与监管对象之间的闭环式管理，提升金融机构数据处理合规管理的有效性和针对性。最后，金融数据的流通与共享是实现金融监管、防范系统性风险的基础。监管部门和金融机构之间实时共享风险数据，各利益相关方实时接收风险数据，并迅速采取风险控制措施，共同参与风险治理，防止风险进一步扩散。

目前，比较常见的金融数据共享有两种主要的业务模式：第一种模式是金融集团内部共享模式。金融集团制定统一的"隐私政策"规定，只要消费者将个人数据授权给集团共享使用，即同意集团内任一主体均可使用该数据。这种共享模式的优势是降低金融集团的交易成本，满足集团防范风险和发展业务的需要。第二种模式是开放银行的API共享模式。API是应用编程接口，在开放API模式下，供应方企业将自己的特定技术服务整合成API接口形式开放给有需求的第三方企业或个人使用，实现双方的共赢。对于供应方来说开放API在获得利润的同时，无须担心自己的核心技术或工作机制被泄露；对于需求方来说无须访问技术源码和了解内部工作机制，就能从供应方共享所需数据，节省了技术研发成本。在金融领域，传统银行就是利用 API 将自己的业务模块、数据信息、服务管理等整合并开放给第三方使用，打造"开放银行"这种新的金融生态。

虽然金融数据共享对金融业的发展至关重要，但是金融机构个人数据兼具敏感性和公共性、多元利益主体和多重利益交织的特点，决定了金融机构个人数据共享中，必然面临数据共享与个人金融数据保护之间的利益冲突，这是各国在金融数据共享方面面临的共同难题。不同共享模式下，金融机构、消费者及第三方机构之间的法律关系有所不同，法律规制的侧重点也不同，因此，接下来分别讨论两种共享模式下个人金融数据处理的法律规制问题。

5.3.2　金融控股公司框架下个人数据共享的法律规制

在金融全球化的浪潮中，金融混业经营已经成为一种必然的趋势，金融控股公司的数量急速增长，我国的金融控股公司也逐年增加，如工商银行、建设银行、中国银行、农业银行、中国平安集团、中信集团等。随着数据价值的提升，金融机构个人数据成为金融控股公司的关键生产要素和重要的数据资产。但是，数据的共享必然带来与个人数据权益保护之间的冲突，如何在个人数据的共享与利用中保持平衡，防范风险的发生，是实现金融控股公司数据共享的核心问题。

5.3.2.1　金融控股公司框架下的个人数据共享的风险

金融控股公司作为金融混业经营的一种模式，具有规模经济的优势。金融控股公司通过金融数据共享降低个人数据收集、使用的成本和风险，促进海量、动态的个人数据融合，充分挖掘大数据的内在价值，为金融业的发展提供新的洞察力和预见力。从金融控股公司数据共享的实践出发，主要有三种共享的场景，即金融控股公司内部各子公司之间的数据共享、金融控股公司与关联公司的数据共享，以及金融控股公司与非关联公司的数据共享。

金融控股公司框架下的数据共享，在促进金融业发展和加强金融消费者数据权益保护之间存在一定的冲突。在利益的驱动下，金融控股公司对于数据的获取和使用有着天然的驱动力，会使得原本就存在的个人金融数据保护的问题更加尖锐。首先，金融控股公司框架下的数据共享是对金融机构个人数据的二次利用，存在越权使用的风险。二次利用应符合最初数据收集时金融消费者的授权目的和范围，很多金融控股公司利用隐私协议，通过"概括授权"的条款，获得消费者授权进而免责。或者，即使没有金融消费者的一揽子授权，个人数据完全掌握在金融机构手中，是否超出授权范围，消费者也无从得知，更谈不上维权。其次，金融控股公司框架下的数据共享增加个人数据的数量和维度，包括银行的账户数据、保险的数据、证券的数据等。以海量多维度的个人数据为基础，可以提高金融消费者画像的精准度，一方面有利于提高金融产品和服务的质量，另一方面也可能引发歧视问题，如金融机构为了盈利只为优质客户提供服务，保险公司为了控制风险不给风险高的客户承保等，这将直接损害金融消费者的利益。最后，金融控股公司模式下的数据共享使得海量的个人数据集中度高、关联性强，一旦泄露或滥用引发的数据安全风险尤为突出。因此，加强金融机构个人数据共享的安全保障，防止金融机构滥用个人数据是金融控股公司模式下数据共享法律规制的重点。

5.3.2.2 金融控股公司模式下个人数据共享的相关规定的比较分析

关于金融控股公司中的个人数据共享的相关规定最早可见于 1999 年美国的《金融服务现代化法》（GLBA），该法案实现了金融业由分业经营到混业经营的转变，该法案从设立之初，就是为了发挥金融控股公司的规模效应，因此，其立法的价值取向是鼓励数据共享的立场，不强调"消费者对个人数据的控制"，以防止信用的不真实而产生损及他人的"道德风险"。[①] 关于金融控股公司的数据共享问题，该法案采取金融控股公司关联方与非关联方的区别对待的制度设计。

---

① 许可. 个人金融信息保护与数据协同：金融控股公司的选择. 银行家，2019（7）：133-135.

第一，金融控股公司与非关联的第三方之间的数据共享规定。GLBA赋予消费者的是"选择放弃（Opt-out）权"，其实质是选退模式，即未明确拒绝就视为同意。消费者有权拒绝其非公开个人数据或者部分非公开个人数据在金融控股公司与非关联第三方之间共享。但是，如果消费者没有明确拒绝金融控股公司向非关联第三方共享未公开信息，则视为消费者同意数据共享。与选退模式对应的是选进模式，即只有经过消费者的明确同意，才可以收集和共享消费者的数据，即未经明确同意即视为拒绝。

该种模式实施至今，对全球金融数据共享的影响非常大，但同时该制度的争议也很大，在美国国内赞成的声音和反对的声音从未停歇。赞成的观点认为，选退模式建立在信息自由流通的基础上，可以促进数据的自由流动，能够促进金融产业发展，为消费者带来福利。反对的观点认为，选退模式不能很好地保障消费者的权益，选择放弃模式的设计本身会增加消费者的交易成本和退出的难度，由此影响消费者信息分享意愿的表达，消费者更在意个人数据安全和保密，而不是从个人数据流通中获得利益。

与美国相反，欧盟《一般数据保护条例》采用的是选进模式，即未明确同意则视为拒绝。条例规定即使企业之间有关联关系，也仍旧需要取得客户的明确同意才能共享个人数据，与非关联第三方共享信息更是如此。选进模式也一样受到批评和质疑。选进模式制度设计的出发点是保护消费者权益，其最受质疑的是消费者权益保护的效果。美国某大学的研究结果表明，如果一个美国人阅读完成其访问的主要网站的隐私政策，平均下来每人每年需要花掉 200 个小时。① 所以，选进模式对消费者的权益保护会逐渐变成一种形式上的保护，没有实质性的意义。

第二，金融控股公司关联机构间的数据共享规定。GLBA 规定，消费者的选择退出权并不适用于金融控股公司关联机构间的数据共享，也就是关联机构之间可以不受限制地共享个人数据，而且消费者没有选择退出的权利。该规定从促进金融数据共享的目的出发，有利于金融控股集团一站

---

① ［美］特伦斯·克雷格，玛丽·E. 卢德洛芙. 大数据与隐私——利益博弈者、监管者和利益相关者. 赵亮，武青译. 东北大学出版社，2016：32.

式采集个人数据并使用，确立了金融机构在收集和使用个人数据时的优势地位。但这也是 GLBA 最受诟病的条款，通常情况下，消费者并不知道金融控股公司的组成机构，而且随着金融控股公司的不断扩大，涵盖的业务范围最广泛，其与非关联公司共享消费者非公开信息获取的利益就越小，这种情况下，关联机构与非关联机构的划分越来越没有意义。此时 GLBA 仅约束金融控股公司与非关联机构的信息共享，与实际共享状况不相符，对消费者个人信息保护力度也不够。①

从我国的立法看，我国对于金融机构数据共享采取的是选进模式。中国人民银行颁布的《金融控股公司监督管理试行办法》明确规定，金融控股公司内部数据共享时要满足"经客户书面授权或同意"的形式要件，侧重于保护客户对个人数据使用的知情权和选择权。②

无论是选进模式还是选退模式，其制度设计的关键是如何保证有效同意的达成，但是不能因为知情同意的有效性难以达成就否定其正当性和必要性。保证个人对其数据的知情权与控制权，可以提高知情—同意保护机制的有效性。欧盟 GDPR 就是采用这一路径来完善知情—同意保护机制。个人数据处理以用户同意为首要合法性基础，在不同环节落实用户的知情权和选择权。但是，这种过于严格机械的同意机制与数字经济高速发展间的矛盾与冲突不可避免，此种保护模式也受到了普遍的质疑。

也有学者认为选进和选退都是对个人数据做出全有或者全无的评判，并未考虑数据的应用场景等客观的因素。美国《消费者隐私权利法案（草案）》引入以场景与风险评估理念，提出场景一致原则，即对个人数据处理的合理性判断中加入场景维度。如果场景一致，个人数据收集和利用符合消费者预期的，不必再次征得消费者同意；如果场景不一致，经营者需

---

① 闫海，张天金．金融集团经营中消费者隐私信息的保护与利用——美国立法经验、评价及借鉴．金融理论与实践，2013（4）：76-79.
② 《金融控股公司监督管理试行办法》第 23 条规定："金融控股公司及其所控股机构在集团内部共享客户信息时，应当确保依法合规、风险可控并经客户书面授权或同意，防止客户信息被不当使用。金融控股公司所控股机构在提供综合化金融服务时，应当尊重客户知情权和选择权。"

及时通知消费者并征得本人同意，经营者还需对个人数据处理进行风险评估，衡量经营者和消费者之间谁的利益优先。场景风险评估理论实质上增加了个人数据保护的弹性，与知情同意原则并不抵触。知情同意原则是一般性保护原则，场景风险评估是特殊性保护原则，是对知情同意原则的补充与完善。当场景不一致的时候，征得消费者同意是普遍原则，风险评估是补充原则；只有当场景一致的时候，为了提高数据共享的效率，把知情同意原则作为例外规定。

5.3.2.3　我国金融控股公司框架下个人数据共享法律制度构建

（1）类型化视角下金融数据共享的范围和条件。金融机构个人数据兼具人格利益和财产利益，金融控股公司在数据共享的过程中，应将个人数据所涉各种利益进行衡量，评估共享行为给个人数据安全带来的风险，解决保护与利用的冲突问题。金融控股公司可以采取类型化分析的方法，针对不同的数据共享场景，不同类型的个人数据，采取不同的法律规制方法。具体从以下两个维度入手：横向为数据共享的公司类型，包括子公司、关联公司、非关联公司三类；纵向为金融机构个人数据的类型，以个人数据流转不同阶段数据财产属性强弱为标准，具体分为个人基本数据、个人事实数据和个人预测数据。不同类型公司之间数据共享的风险和保护成本不同，需区分对待；不同类型个人数据的权益分配不同，需要结合具体场景具体分析，平衡数据共享的实现与规制。从金融控股公司数据共享的实际运作来看，金融控股公司的数据共享有三种典型场景，金融控股公司内各子公司的数据共享，金融控股公司与集团外关联公司的数据共享，金额控股公司与非关联公司的数据共享。具体情况如下：

第一，金融控股公司内各子公司的数据共享。金融控股公司及其子公司之间利益高度一体化，数据共享是公司经营的客观需要，应允许金融控股公司内各子公司的数据共享。从个人数据共享风险的角度，金融控股公司及其各子公司之间自由共享不会增加消费者的个人数据侵权的风险。一方面，通常情况下，金融控股公司内部的数据共享符合消费者对个人数据保护的合理期待。消费者在对个人数据授权时，通常是对金融控股公司的整体进行授权，并不区分授权对象是母公司还是子公司。而且金融控股公司及其子公司对共享数据的使用，必须限定在法律规定的金融活动范围之内，以及消费者授权的个人数据使用范围内。另一方面，金融控股公司内部的数据共享并未降低金融控股公司对消费者数据权益的保护水平。依据公开、透明原则，金融控股公司需履行数据共享的告知、说明和披露义务，保障消费者的知情权和选择权；一旦出现侵害消费者数据权益的情况，金融控股公司承担连带责任，并没有降低对消费者的救济水平。金融数据共享是金融控股公司的正当利益所在，金融控股公司跨界经营的目的就是节约交易成本，而且金融控股公司在风险管理、用户分析、服务改进等方面需要数据共享，有利于公司内部实现一体化管理。出于业务的需要，金融控股公司及其子公司也需要数据共享，如证券公司在对投资者进行风险能力评估时，该投资者的银行资产信息有利于证券公司做出准确的判断。

但是，金融控股公司与其各子公司之间的数据共享并不是不受任何条件的限制，数据共享须满足以下条件：一是告知义务。金融控股公司在首次收集个人数据时，需明确告知消费者其个人数据会在金融控股公司内部共享，并且需要明确以下内容：共享数据的母公司、子公司的名称，共享个人数据的范围，共享个人数据的使用方式和目的，共享个人数据的保存期限等。二是目的限制。金融控股公司内部共享个人数据的使用受到两个方面的限制，一方面仅限于"金融许可证"所载明的经营范围之内的目的；另一方面限于消费者授权使用的范围内，一旦超出授权的范围，需再次征得消费者的同意。三是责任承担。为了防止数据共享后降低个人数据的保护水平，金融控股公司对各子公司的个人数据侵权行为承担连带责任。[①]

第二，金融控股公司与集团外关联公司的数据共享。从数据共享的风险看，与金融控股公司内部的个人数据共享相比，金融控股公司与集团外

---

① 许可. 个人金融信息保护与数据协同：金融控股公司的选择. 银行家，2019 (7)：133-135.

关联公司之间的数据共享可能会带来额外的风险。但是相比于一般的对外数据共享，风险仍在可控的范围内。具体而言，从风险衡量角度看，金融控股公司与集团外关联公司遵循相同的个人数据保护标准和行为准则，保证消费者数据在不同的企业都能得到同等程度的保护。在责任承担方面，金融控股公司对关联公司承担一定的"安全保障义务"，当关联公司无法补偿用户损失时，金融控股公司应承担补充责任，保障消费者权益。从金融数据共享的需求看，金融控股公司与集团外关联公司的数据共享能够有效拓展业务，提高企业竞争力，但是受限于相关的法律规定，很多规模较大的科技公司无法并入金融控股集团中，而金融科技公司是实现金融数字化转型，促进金融创新的重要驱动力，因此，鼓励金融控股公司与集团外关联公司的数据共享，让科技为金融赋能，对于促进数字金融的发展意义重大。

金融控股公司与集团外关联公司的数据共享应遵循以下准则：一是金融控股公司需清晰明了地告知消费者个人数据共享的目的、范围和保存期限，尤其需要明确共享的关联公司的信息；二是与集团外关联公司共享数据，客户通过明示或者默示的方式授权，可以采取选退模式，赋予消费者选择退出的权利；三是在个人数据保护方面，金融控股公司与集团外关联公司应该遵循相同的标准和准则，保证消费者个人数据权益不因共享而减损；四是对于集团外关联公司的侵权行为，金融控股公司应当承担补充责任。除此之外，还需要受到数据类型化和使用目的的限制。

数据类型化的限制。与集团外关联公司的数据共享中，由于个人基本数据、个人事实数据和个人预测数据与个人关系的紧密程度不同，应采取不同的保护措施。对于个人基本数据，与个人关系最为紧密，金融控股公司需严格履行告知、说明义务，保障金融消费者对个人数据的知情权和选择权。对于个人事实数据，这些数据主要是金融机构记录的消费者行为的伴生数据，识别性和相关性相对较低，但是多个数据的融合，依然可以识别到个人，存在隐私侵害的风险。可以根据场景理论，当共享的场景与消费者授权的场景一致，就无须征得消费者的同意，如果与消费者授权的场景不一致，则需再次征得消费者的同意。个人预测数据的商业价值较高，其商业价值的生成主要是金融机构投入大量的人力、物力、财力等，理应由金融机构享有更多的使用权限。但是，个人预测数据也存在识别到个人的可能，在数据共享中要慎重对待，或者采取匿名化的方式，切断与个人的联系，便利数据的流通。①

数据使用目的的限制。金融控股公司与集团外关联公司的数据共享，仅能用于初始采集的目的，不能用作其他目的。随着金融科技的不断扩展，金融机构对于个人数据的需求与日俱增，用于提高金融产品和服务，与之对应的是人们对金融体系的依赖也日益加深。在技术的加持下，海量的个人金融数据逐渐融合，通过对这些多维度个人数据的深度挖掘，金融机构可以全面把握消费者的生活习惯、消费爱好、产品需求等。同时，金融科技也将以往无法利用的数据融合起来，从中挖掘出各种可用的信息，重塑金融业务。即使是掌握技术的金融机构也无法完全预知个人数据的价值和用途。由此可见，金融机构对个人数据利用的范围、目的和场景随着技术的发展、市场的需要呈现不断拓展的态势，而个人数据积极利用的繁华背后却潜藏着个人权益侵害的巨大风险。因此，金融控股公司与集团外关联公司的数据共享，必须受到数据使用目的限制。

第三，金融控股公司与非关联公司的数据共享。与前两种共享模式相比，金融控股公司与非关联公司之间的数据共享风险更高，应该受到严格的限制，理由如下：从数据共享的风险看，金融控股公司与非关联公司在个人数据的保护标准和行为准则方面很难达成统一，而且金融控股公司管控的整个数据流转的生态链会因为非关联公司的介入而削弱，个人数据被泄露或滥用的风险更高。从数据共享的必要性看，主要是为获得超额的商业利益，其必要性和正当性与前两种共享模式相比较弱。从责任承担方面看，存在责任认定和救济不足的风险：一方面，在共享模式下，个人数据流转的链条长，涉及多个数据控制者，且数据泄露或滥用隐蔽性强，责任认定难。另一方面，非关联公司可能存在资信不足的情况，消费者无法得

① 王炳文．金融控股公司语境下金融信息保护与信息共享的平衡路径．北方金融，2020（7）：17-24.

到充分的救济。因此，采用选退模式并不能很好地保护金融消费者的权益，宜采用选进模式，即未经消费者明示同意，金融控股公司不得将消费者个人数据与非关联公司共享。这也符合《网络安全法》《中国人民银行金融消费者权益保护实施办法》《中国人民银行关于银行业金融机构做好个人金融信息保护工作的通知》的相关规定。但是，鉴于个人信用信息的公共性，在促进个人信用信息利用的同时，应守住保护数据安全和防范隐私侵害的底线，防止出现道德风险和逆向选择的后果，控制金融风险。

金融控股公司在选择非关联公司（第三方）进行数据共享时，需承担选择责任，即充分审核非关联公司（第三方）的资质、评估其数据的处理和保护能力，保障金融消费者权益。对于个人基本数据、个人事实数据需严格执行知情—同意保护机制，对消费者进行充分而明确的告知，保障消费者的知情同意的有效性。在具体的制度设计上，可以从以下几方面入手：一是对个人数据收集使用条款，以易于理解且清晰明确的语言表述；二是充分告知个人数据共享后面临的风险；三是消费者有权随时撤回自己的同意权；四是充分评估数据共享的必要性，非出于业务需要，不得进行数据共享；五是保障数据处理过程的透明性，数据处理企业应定期披露数据处理情况等。对于个人预测数据，也需采取上述保护手段，但因其具有更高的商业价值，可以适当放宽共享条件，在合理范围内实现数据共享，或者通过匿名化手段，转化为非个人数据。

（2）完善隐私政策说明书。消费者知情权是其他的选择权、删除权、撤销权等的先决条件，隐私政策说明书是保障消费者知情权的重要文件。隐私政策说明书实际上起到两方面的作用，一是让消费者对个人数据的收集使用等情况充分知情；二是确定金融机构的免责条件。

在保障消费者知情权方面，可以借鉴我国台湾地区"金融控股公司子公司间共同营销管理办法"第11条和第13条的相关规定。如合同中列明共享数据的子公司名称，一旦金融控股公司内部组织结构发生变化，应将变化情况以网站公告的方式及时通知消费者；合同中的数据使用条款需消费者签字或以其他形式确认；要求使用明显字体标注相关条款，并明确告知消费者选择退出的权利；如果消费者拒绝共享数据，金融控股公司和子公司必须立即停止使用消费者个人数据；在公司网页上公告数据共享子公司的名称及保密措施，并以书面或电邮的形式通知消费者其个人数据的使用方式、目的、范围、数据的更改方式和选退方式等。

目前，我国金融控股公司隐私政策说明书常见的问题主要集中在语言烦琐，不利于消费者阅读，内容显失公平，一揽子授权、单方面的免责条款等情况时有出现，因此，需要从内容与形式两个方面完善隐私政策说明书。在内容方面，明确告知个人数据收集范围、使用目的、存储方式、存储期限等；明确告知个人数据共享的范围、共享公司的名称；明确告知企业具体采取的安全保障措施；明确告知消费者实施查询权、更正权、撤销权的条件和范围；对于数据处理纠纷，明确告知消费者投诉的渠道等。在形式方面，要考虑消费者的阅读习惯和行为模式，隐私政策说明书的设计要清晰、简短和标准化。事无巨细地将所有内容都集中在隐私政策说明书中，看似完备实则无用，一方面，冗长的隐私政策说明书需要消费者耗费大量的精力阅读；另一方面，晦涩的专业词汇也会让消费者望而却步，实际上排除了说明书的可读性。在隐私政策说明书的设计方面可借鉴金融产品信息披露文件的做法，重点突出影响消费者做出决定的关键信息，用简短通俗的语言提示消费者的权益，对金融控股公司的免责条款需加重提示。此外，金融机构的免责条款需标准化，经监管机构审核，不能随意增删，对于不合理的免责条款，可认定为无效。

（3）金融控股公司内部的信息安全管理制度。金融控股公司应建立内部的数据安全管理制度，从短期看会增加企业的运营成本，但是从长期看会降低企业的经营风险，形成消费者权益保护和维护金融机构利益共赢的局面。允许金融控股公司框架内部的数据共享，并不意味着数据可以在金融控股公司内部不加区分地自由流动，安全管理制度是确保数据合规和数据安全的重要举措之一。

具体内容如下：第一，金融控股公司内部成立专门的数据管理机构，制定适用集团内部不同业务的数据分级分类保护策略。从个人数据处理场景出发，依据不同的数据类型，建立不同层级的数据安全管理办法，制定不同类型个人数据的使用流程和处理规范。对于紧急的数据泄露事件，建立数据安全应急响应机制，及时应对风险，防止风险扩散。第二，建立金融控股集团内部的信息防火墙。信息防火墙是一种防御性措施，在金融控股公司内部实现隔离，在不同业务部门之间建立信息隔离，防止数据隐私的内部泄露。同时，信息防火墙也可以成为金融控股公司的免责事由，当金融控股公司被消费者以从事内部交易或者违反信义义务为由指控时，金融控股公司可以设置信息防火墙，以信息不能在内部部门之间传播为由进行抗辩。第三，加强企业内部的员工管理，很多泄露和滥用是人为原因造成的，对金融控股公司内部工作人员进行数据处理培训和信息安全教育，对重要岗位的工作人员定期审计，防止管理疏漏。

5.3.3 开放银行模式下个人数据共享的法律规制

随着金融与科技的不断融合，银行同样融入数字化革命的浪潮中，迈向了银行4.0时代[①]，在银行生态重构的过程中，一个全新的概念——开放银行诞生了。纵观全球，开放银行呈现快速发展态势，英国、美国、澳大利亚、新加坡等国家都纷纷踏上开放银行的探索之路。开放银行的核心就是金融数据共享，其共享模式与金融控股公司框架下的数据共享模式有很大的区别。

5.3.3.1 开放银行数据共享的法律关系及规制难点

何谓开放银行，国内并无权威的定义。国际顶级 IT 咨询机构 Gartner 在 2016 年率先提出开放银行概念，该机构认为开放银行是一种开放化的商业模式，通过与第三方开发者、金融科技公司、供应商、用户和其他合作伙伴共享数据、算法、交易、流程和其他业务功能，重构商业生态系统，为银行提供新的价值，增强核心竞争力。[②] 传统银行服务于高净值人群的

---

① 从银行服务提供方式的角度来看，银行发展至今经历了4个阶段：银行1.0，网点服务阶段；银行2.0，自助银行阶段；银行3.0，基于互联网的银行服务阶段；银行4.0，银行即服务阶段。参见刘勇，李达．开放银行：服务无界与未来银行．中信出版社，2019：1-3.

② 赵吟．开放银行模式下个人数据共享的法律规制．现代法学，2020，42（3）：138-150.

市场已经饱和，面对同质化竞争，亟须拓展业务渠道，从线下物理网点转向数字终端和线上场景，开放银行就是银行拓宽业务渠道、触达长尾用户的重要信息化手段，银行通过与互联网企业合作，借助互联网企业的流量，将自身的产品、风控和科技能力嵌入垂直行业中。可以从三个层面理解开放银行的内涵：在技术层面，开放银行通过建立并开放 API 端口，解决了数据开放的技术问题，第三方金融机构通过 API 端口，在金融消费者授权的前提下，可以对银行的消费者个人数据进行访问和利用，实现共享的目的；在内容层面，通过 API 端口，第三方机构可以访问银行的金融数据，充分挖掘银行金融数据的价值，提升服务质量，银行也可以通过第三方机构拓展数据应用场景，拓宽业务范围；在组织层面，开放银行塑造了一种全新商业场景，即通过银行与第三方金融机构的合作，在网络搭建平台，形成全新的金融生态链，为个人消费者、企业等提供更加高效、便捷的服务。①

开放银行的业务形态表现为：前端为第三方机构，包括金融科技公司和电商平台等，打造个人数据应用的商业生态，前端直接与客户接触，通过 API 端口从银行获取数据；中间层为开放银行平台，分为银行自建和第三方平台两种，银行自建平台通常为具备资金、技术优势的传统大型银行，第三方平台通常是小型银行与金融科技公司合作开发；后端为银行，是数据的提供者，负责运营账户管理和支付等金融业务。目前，银行的 API 端口已经涵盖支付管理、账户管理和理财融资等多个业务场景。

开放银行系统的参与者主要有三方，即数据主体——消费者；数据控制者——银行；数据共享者（或使用者）——第三方机构。开放银行的业务模式下主要有两种法律关系：第一种是在消费者、银行、第三方机构之间各自形成合同关系。消费者与银行之间签订协议，基于该协议，银行收集消费者的个人数据，并承担安全保障义务，在法律允许和消费者授权的范围内合理共享数据并履行信息披露义务。银行与第三方机构之间通过开发者协议形成合同关系，双方在合同中根据业务需要协商各自的权利义

---

① 杨东，龙航天．开放银行的国际监管启示．中国金融，2019（10）：78-80.

务。当消费者授权银行将其个人数据共享至第三方机构，即与第三方机构
形成了事实上的合同关系，消费者对数据共享的全过程享有知情权，第三
方机构也承担消费者个人数据保障义务。第二种是银行与消费者之间形成
合同关系，银行与第三方机构之间也形成合同关系，这两个合同关系都与
上述两种合同关系相同。与第一种法律关系的区别在于，这种模式下消费
者与第三方机构之间不形成直接的合同关系。有学者把第一种法律关系称
为"三角模式"，把第二种法律关系称为"线性模式"。①

开放银行模式下个人数据共享的规制难点：首先，开放银行在我国属
于新生事物，虽然发展势头迅猛，但是配套的法律规则和标准尚未落地，
我国开放银行制度走的是实践先行的自下而上的发展路径，在其发展的过
程中存在很大的法律风险，其中个人数据权益侵害风险尤为突出。2015年
国务院办公厅印发《关于加强金融消费者权益保护工作的指导意见》，明
确提出保护金融消费者的信息安全权。但是，金融消费者的信息安全权侧
重于规制的是由于经营者对个人信息的保护不力导致的信息泄露，而忽视
经营者对个人信息的不当收集、不当利用、不当共享造成的损失，其内涵
难以涵盖所有个人数据保护的内容。2020年中国人民银行发布《个人金融
信息保护技术规范》，首次对个人数据的收集、传输、存储、使用、删除、
销毁等生命周期各环节进行了详细规定。但是，在内容上，该规范侧重于
安全技术和安全管理两个方面，对数据合规的关注度不够，从效力上看，
该规范属于标准而非法规，不具有强制力必然导致保护力度不足。其次，
开放银行模式下的数据共享，是银行与第三方机构之间的共享，第三方机
构可能是金融机构也可能不是金融机构，这意味着，金融数据由强监管的
金融领域流向弱监管的其他领域，数据安全风险不容小觑。我国目前尚未
形成对第三方机构统一的选择标准，设定第三方机构的准入门槛，确保第
三方在授权的范围内利用数据是法律规制的重点。再次，开放银行模式
下，消费者对于个人数据享有可携权，可以将自己的个人数据转移到第三

① 赵吟. 开放银行模式下个人数据共享的法律规制. 现代法学，2020，42（3）：139-140.

方机构，享受服务的无缝对接，但是个人数据可携权的范围和边界依然存在争议。最后，开放银行共享个人数据涉及各方的利益，侵权类型比较复杂，在责任认定上存在一定的难度。

5.3.3.2　开放银行个人数据共享的范围及类型

开放银行个人数据共享的范围并不是漫无边际的，欧盟 GDPR 第 20 条第 4 款界定数据可携权的法律边界为"不应影响他人的权利和自由"。欧盟 29 条数据保护工作组指南将"他人的权利和自由"解释为"第三人数据，企业商业秘密或知识产权，尤其是软件版权"。① 从上述欧盟对于数据可携权边界的划定，可知数据可携权行使的数据范围问题，本质上是数据权属及其分配问题。我国法条中并未规定数据可携权，亦未明确个人数据共享的范围，可以结合不同类型的个人数据的特点，划定个人数据共享的范围。

我国现行法律对于金融机构个人数据的分类主要有以下几种：《中国人民银行关于银行业金融机构做好个人金融信息保护工作的通知》（银发〔2011〕17 号），将个人金融数据分为七类，包括个人身份信息、个人财产信息、个人账户信息、个人信用信息、个人金融交易信息、衍生信息等。《个人金融信息保护技术规范》将个人数据按照敏感程度由高到低分为：C3 类用户鉴别信息（如账户密码、用于用户鉴别的个人生物识别信息）、C2 类可识别特定个人金融信息主体身份与金融状况的个人金融信息（如证件信息、个人财产信息、交易信息、用户鉴别辅助信息等）、C1 类机构内部信息（如账户开立时间、开户机构、基于账户信息产生的支付标记信息等）。在开放银行模式下，消费者基于 OAuth 2.0 标准②向银行授权时，第三方机构不会接触到消费者的鉴别信息。因此，C2 类信息为开放银

---

① See Guideline on the right to data portability，16/EN WP242〔DB/OL〕. https：//ec. europa. eu/justice/article-29/documentation/opinion-recommendation/files/2007/wp136_en. pdf/2020-05-30.

② OAuth 2.0 是一种授权标准，区别于以往的授权方式，用户授权银行向第三方共享个人数据时，第三方不会触及用户的账号信息如用户名与密码。目前，OAuth 是公认的认证和授权标准。

行个人数据共享的主要范围。该规范仅为金融行业标准，为推荐性标准，仅鼓励采用，并不要求必须执行。数据共享是个动态的过程，个人数据共享的不同阶段利益主体的参与程度不同，一味地将个人数据全部划归个人所有，忽视了数据控制者在观测、记录和保存、分析数据等方面付出的大量成本和劳动，不利于鼓励金融机构及第三方机构对个人数据价值的充分挖掘。在数字金融背景下，个人数据权利保护是手段，鼓励数据共享、促进金融业发展才是法律规制的最终目的。因此，在划定个人数据共享范围时，根据不同阶段个人数据利益主体的参与程度，可将金融机构个人数据分为：个人基本数据、个人事实数据、个人预测数据。

个人基本数据，主要是银行在提供金融服务或产品时，消费者提供给银行的各类数据，这类数据识别性强、敏感度高，归个人支配。个人事实数据，主要是被记录的个人行为数据，这类数据基于消费者的行为产生，反映个人财务状况，由银行在提供服务的过程中记录、管理和保存，包括个人资产数据、账户数据、信用数据、交易数据等，这类数据是个人金融活动的副产品，能够间接识别到个人。因此个人事实数据的人格利益归属个人，银行对个人事实数据的形成有贡献，是个人事实数据的实际控制者，享有一定的财产权益。个人预测数据，这类数据是银行在个人的基本数据与事实数据的基础上充分整合、编排、分析而产生的增值数据。前两类数据是开放银行数据共享的主要数据类型，在取得消费者授权后可以共享，但是个人预测数据是否属于共享数据范围存在很大争议。个人预测数据是银行投入大量的成本生产出的数据产品，可归属为银行的数据资产，具有很高的商业价值，如果将此类数据也划入共享数据的范围内，显失公平，如果该类数据达到商业秘密或者知识产权的标准，共享此类数据就是违反商业道德。[①]

5.3.3.3 开放银行模式下个人数据共享法律规制的制度设计

各国都在摸索着建立开放银行的法律制度，开放银行模式下个人数据共享是个动态的流转过程，针对不同阶段的个人数据风险，需要建立一整

[①] 许可. 开放银行的制度构造与监管回应. 财经法学，2019（5）：122-136.

套事前规制、事中规制、事后规制的机制。

（1）事前规制。第一，"知情—同意"授权规则的优化。该规则是个人数据共享的前提条件，但是，该规则也备受诟病，常常被人攻击为"简而无用，多而无功"。看似消费者能够控制自己的个人数据，实质上根本起不到保护的作用。首先，隐私保护政策冗长烦琐，对数据共享的目的、数据接收方，以及数据共享的后果语焉不详，专业术语限制消费者对内容的理解和对风险的准确评估，使"知情—同意"授权规则沦为形式化行为。其次，数据共享二次利用的重复授权和非必要授权现象严重。现有的"知情—同意"规则主要适用于首次收集数据的场景，而数据的共享通常是数据的二次利用，开放银行接入的平台众多，随着业务范围的不断拓展，需要不断得到消费者的授权，提高银行的合规成本，影响数据流动的效率；或者，银行采取一揽子授权的做法，又与消费者权益保护的要求相冲突。最后，授权容易退出难。个人对于数据共享的授权并不是永久的，可以根据自身情况变更或撤销授权，但是，实践中开放银行涉及多家利益主体，其变更或撤销授权的途径异常烦琐，影响消费者权益的行使。如授权在开放银行 App 上点击即可进行，而取消授权则需要电话或者找到最初授权的银行才可完成。

针对上述问题，可以优化"知情—同意"规则的设计，注重保障消费者的"充分知情"和在此基础上"自由选择"。首先，根据个人数据类型，采取差异化的授权机制。具体如下：个人基本数据，识别性强、敏感度较高，银行应先告知共享的数据类型、共享的目的、共享的范围、数据接收方的信息安全保障能力以及数据共享可能存在的风险等，让消费者能够准确评估风险再决定是否授权。个人事实数据，主要是被记录的个人行为数据，也能识别到个人，银行需告知收集个人数据的范围，共享的类型、目的、方式等，在征得消费者授权后才能共享。但是若银行对个人事实数据进行了脱敏处理，那么银行仅需告知消费者数据共享目的及数据接收方类型即可。对于个人预测数据，银行在匿名化处理后，可自行处理。其次，根据数据共享对象的不同，采取不同的授权标准。银行与其关联公司之间的数据共享，不必强求消费者授权，但需赋予消费者选择退出的权利，与无关联的第三方则需严格按照数据共享的要求进行授权。最后，完善"知情—同意"规则的授权形式。如在开放银行平台上嵌入"个人授权"模块，消费者可以随时查阅自己的授权范围，基于自己的现实需求和对风险的判断，进行选择性授权，由消费者自主决定"一揽子授权"，还是"一事一授权"，或者由消费者决定授权的白名单，提高授权效率。银行也可以将授权条款独立于隐私保护协议，授权与否不影响隐私政策的执行。除金融产品和服务所必要授权外，赋予消费者更多的授权范围的选择，防止不授权就退出的情况出现。

第二，设计第三方机构的准入模式。数据共享使得金融数据从强监管领域的银行金融机构流入弱监管领域的第三方机构，可以通过给第三方机构设置准入门槛，防止个人数据滥用。"2019 中国金融科技上海高峰论坛"上提出：要做金融科技的创新服务必须持牌。参与开放银行数据共享的第三方机构类型复杂、数量庞大，一般包括金融科技公司、电商平台等，以牌照来要求每家公司在成本和效率方面都不具有现实可行性。各类第三方机构的风险管理能力和数据安全保障能力也有很大的区别，不能一概而论。如银行直接投资组建的金融科技子公司，实力与信誉都很过硬，而对于部分新创公司，其风险较高，实力与信誉都无法得到保障。可以针对不同的数据共享公司，采取不同的准入规则。

我国香港地区金融管理局提出三种选择模式：一是双边模式，即根据与第三方的合作性质，由银行自行对任何涉及治理、控制和安全问题的双边合作进行风险评估和尽职调查。二是中央模式，由各个银行一同参与制定针对第三方服务提供商的风险标准和尽职调查条例，并成立一个中央机构，专门负责对第三方服务提供商进行统一的认证。三是基于一定共识的双边模式，先由各个银行制定一组基准的风险标准与尽职调查条例，后期可以在此基础上根据自身需求进行适当调整。[①] 香港金融管理局建议在开放银行初期，采取双边模式，较为灵活且适应性强；开放银行业务逐渐成

---

① 开放银行系列之监管篇：各国监管趋势解读．［2021-02-01］．https：//www.
sohu.com/a/256431530_100132383.

熟后，建立中央机构统一管辖的中央模式，实现标准的统一；当得到银行业的普遍支持时，采取第三种模式，与各个银行一同制定标准和实施条例。

我国开放银行这一新兴的金融业态刚刚起步，开放银行第三方机构的准入标准还处于摸索的阶段。可以由金融监管机构牵头，倡导参与开放银行的商业银行共同参与，制定第三方机构准入的白名单。该名单不是封闭的，逐步将与多家商业银行合作，资质较好、数据安全能力强的第三方机构纳入白名单，白名单中的第三方机构，如果出现滥用、违约等行为的，将从白名单中删除，情况严重的，列入黑名单。此名单可为银行选取合作的第三方机构提供参考。2020 年 2 月，央行发布了《商业银行应用程序接口安全管理规范》对于商业银行与场景应用方合作，应用程序接口设计、集成运行、运维监测及系统下线等全生命周期过程提出安全技术与安全管理要求。对于第三方机构的准入审核标准，要从服务客群、服务场景、市场份额、运营能力、风控能力等全方位考察。

（2）事中规制。事中规制侧重于数据共享过程中的银行与第三方机构的信息披露义务。目前，现行法律对个人数据授权信息披露的规制主要集中在收集阶段，而缺少对个人数据共享过程中的规制。信息披露义务的主体主要是银行，而对第三方机构后续的披露义务缺少规范。数据共享是个动态的过程，采集过程中的信息披露的有效期非常有限，在后续的处理过程中，随着技术的发展、应用场景的转变，数据处理的目的、范围以及类型等都会超出数据控制者在收集数据时的预期，如果没有后续的、持续性的信息披露义务，处于弱势地位的消费者权益将无法得到保障。而且，开放银行模式下，数据控制者不仅限于银行，还有众多的第三方机构，第三方机构作为数据的最终使用者，也应该承担信息披露的义务。具体包括以下内容：

首先，银行与第三方机构的信息披露义务集中于不同的数据处理阶段。在个人数据授权前，银行承担主要的信息披露义务，银行应充分告知消费者个人数据共享的范围、目的、数据接收方的信息以及共享的潜在风险等，让消费者在充分知情的情况下进行授权。在个人数据授权后，第三方机构承担主要的信息披露义务，第三方机构应充分披露数据获取时间、数据的用途以及数据的安全保护措施等，对数据共享后的处理全流程进行记录。① 其次，保证信息披露的有效性。一是披露内容的完整真实；二是披露形式的醒目，对于重要信息和对消费者有实质影响的信息着重标识。② 最后，银行与第三方机构的风险通知义务。《民法典》和《网络安全法》都明确规定信息控制者和网络运营者负有风险通知义务。在数据共享过程中，发生或可能发生个人数据泄露或滥用等危险事件时，银行和第三方机构都负有及时通知的义务，通知消费者和向监管部门汇报，告知消费者享有的救济权利和可采取的救济措施。但是，如果告知消费者的成本过大，与数据泄露风险无法匹配时，金融机构可采取通知或公告等方式履行告知义务。

（3）事后规制。事后规制侧重于多方参与的争端解决机制。数据共享的争端解决机制可以为消费者提供有效的解决途径和投诉渠道，维护金融消费者权益。开放银行数据争端的解决机制分为内部和外部两种，内部机制以银行和第三方机构处理为主，外部机制由监管机构负责。鉴于开放银行模式的复杂性，建议以内部争端解决机制为主、外部争端解决机制为辅。开放银行的内部解决机制由银行牵头，由于消费者授权银行共享其个人数据，因此共享数据的争议，银行是直接的应诉方，也是投诉处理者，但银行并不一定是真正的责任方，银行有责任去调查争议发生的原因并进行责任认定，究竟是银行管理不善还是第三方操作不当造成，由最终的责任方承担法律的后果。第三方机构也应积极开通消费者的投诉渠道，并配合银行调查，不可推诿责任。可以借鉴英国的 DSM 系统，在开放银行的平台上嵌入"争议管理模块"，消费者可通过争议管理模块投诉，银行及第三方机构积极开展责任调查机制，并将调查进度及结果录入系统中，让消费者可随时查阅。当内部解决机制无法达到消费者的预期时，消费者也可

---

① 赵吟.开放银行模式下个人数据共享的法律规制.现代法学，2020，42（3）：146.

② 田野.大数据时代知情同意原则的困境与出路——以生物资料库的个人信息保护为例.法制与社会发展，2018，24（6）：111-136.

以诉诸外部解决机制。外部解决机制主要是向上级监管机构投诉，但是，开放银行在我国还是新生事物，目前没有成立专门的开放银行监管机构。鉴于开放银行本质上还是银行，是对传统银行业务的创新，因此由央行及银保监会作为主管机构解决争端较为适宜。但是，第三方机构并未全部列入金融监管部门的监管范围内，解决争端时注意与网信部门、市场管理部门之间的协调，防止出现监管真空、重复监管等情况。此外，针对消费者数据泄露或侵权的事件，可以启动公益诉讼，以切实保护消费者权益。

5.4 金融机构个人数据跨境传输行为的法律规制

金融业是个高度全球化行业，对数据跨境有着强烈的需求，无论是支付清算、客户管理，还是集团的国际化运营、境外监管报送等，都需要金融数据的跨境传输。但是金融数据跨境在带来便利的同时，也潜藏着风险，金融机构个人数据与个人权益、企业权益、公共权益甚至国家安全都密切相关，亟须法律的规制。

5.4.1 金融数据跨境的模式及风险

5.4.1.1 金融数据跨境的模式

金融数据跨境的场景复杂，通常情况下，依据目的需求和数据接收方的不同，可以划分为①：第一，基于商业目的的金融数据跨境流动。很多金融机构在世界各地都有分支机构，开展全球化运营。为了完成金融交易，金融机构必须在合理的时间内跨境传输金融数据，以保证及时向客户提供金融产品或服务。或者为了开展跨境金融业务，境外的子公司或分支机构向总部传输数据，开展贸易融资或双边理财等。第二，基于外部审计、外包等需求的金融数据跨境流动。各国金融行业审计师都要进行年度

---

① 马兰. 金融数据跨境流动规制的核心问题和中国因应. 国际法研究，2020 (3)：92-95.

审计或专项审计，此时跨国金融机构需要跨境提供金融数据给审计部门。此外，金融机构为提高金融数据的处理效率，出于成本考虑会设立集中的数据处理中心或委托第三方数据处理机构，将总部与散落在世界各地的分支机构收集的金融数据统一进行处理。第三，基于境外监管要求的金融数据跨境流动。境外监管部门在日常监管过程中会要求跨境金融机构提供境内的经营数据，或者在反洗钱或反恐怖融资检查时，境外监管部门也会要求金融机构向其提供数据。第四，为应对境外诉讼的跨境传输金融数据。在司法活动中，金融机构个人数据也会作为证明消费者资金来源与去向、交易情况等证据，被境外司法或者监管部门调取，配合调查。

5.4.1.2 金融数据跨境的风险

金融数据规模庞大、复杂敏感，与国家利益、金融机构利益和金融消费者的利益息息相关，跨境传输的风险不容小觑。

第一，数据安全的风险。一方面，数据在虚拟的网络空间流转，由于各国数据安全和隐私保护水平与标准并不一致，存在数据安全和隐私侵害的风险。另一方面，金融业的稳定和安全关系着一国经济增长和社会稳定，金融数据流动到国外，容易受到外国政府的数据控制，外国政府通过对金融数据的分析，会了解更多国内经济、社会等状况，对国家安全和社会稳定造成威胁。

第二，金融监管的风险。互联网是一个没有边界的媒介体，金融数据跨境给金融监管部门带来一系列的困难。首先，金融数据在网络空间传输，网络空间是跨越国界的，一旦数据跨境，数据输出方的国家事实上已经丧失对其金融数据的控制权和管辖权，难以保证数据在境外的安全。其次，金融全球化的趋势明显，很多跨国的金融集团、金融监管部门依赖金融数据控制金融风险，但是跨国金融集团的金融数据存储在世界各地，金融监管部门调取金融数据需要各个国家监管部门的配合，数据获取的不全面、不及时，很可能造成监管部门对金融风险的控制和应对不力。

第三，法律适用的风险。数据被称为21世纪的石油，数据资源成为各国都在争夺的重要资产，目前全球统一的数据流动规则尚未形成，各国纷纷出台自己的数据保护法案，从各自的国家利益出发，不同国家对数据跨境传输的限制主体、数据类型以及规制模式都存在差异，各国的数据保护制度互不兼容，导致了金融数据传输过程中存在法律适用的风险。美国与欧盟是全球金融市场最为发达的国家和地区，主导着全球金融数据跨境流动监管体系，美国的 Cloud 法案和欧盟的 GDPR 都规定了数据的域外适用条款，无论是依据属地原则、属人原则还是效果原则，都会导致金融机构在数据跨境流动的问题上，有可能面临适用境内境外"双重法律"时的更大压力，导致相关法律风险。

5.4.1.3 金融数据跨境法律规制的必要性

第一，从国家安全层面，是维护国家主权和经济安全的必然要求。一方面，金融数据的跨境传输将一国金融数据暴露于别国视野之内，可能对国家安全造成重大威胁。如近年来，陆续爆发的"棱镜门事件""Google爱尔兰案""Facebook 数据泄露事件"等网络与数据安全事件应该引起高度重视。另一方面，美国和欧盟均从本国的利益出发，不断扩张数据管辖权至域外，无形中对我国的国家主权和数据安全造成威胁，如 2019 年美国法院要求三家中资银行遵守大陪审团的传票，就美国执法机构对一家香港公司涉嫌违反美国制裁朝鲜相关法令的调查要求提供银行记录。这一裁决表明，美国司法系统在今后的刑事调查中可能会直接要求在美的中国企业遵守大陪审团的传票配合美方执法，而非等待中国执法部门的配合，实质上已经侵害到我国国家主权。因此，金融数据的跨境传输必须受到严格的法律规制。

第二，从经济社会层面，是维护金融业的稳定与发展的必然要求。首先，金融稳定和安全对一国的经济增长和社会稳定至关重要，如果说金融行业是一国的经济命脉，那么金融数据就是金融业发展的血液。其次，金融风险具有扩散性，数字金融时代，金融业从产品到服务，都在实现数字化，一旦数据泄露或者滥用，网络的杠杆效应和扩散效应有可能会引发系统性风险。再次，金融业的信息不对称性极易引发金融机构对个人金融数据的滥用，侵犯金融消费者合法权益。当个人金融数据跨境传输时，如果发生个人数据不当使用、泄露等侵害数据主体合法权益的行为，金融消费者往往会面临取证工作难度大、维权成本高、救济困难等问题。鉴于金融行业的特殊性，全球很多国家都将金融数据划归为关键信息基础设施或列为重要数据等，对金融数据的跨境流动进行严格的规制，以维护金融的稳定与发展。

第三，从国际社会层面，提高中国在全球金融体系中的影响力。目前，全球范围内尚未形成统一的数据跨境流动规则。欧盟以"个人数据权利"为基础，采取严格监管框架下的金融数据共享机制，美国秉持加强国际合作以促进最大限度的金融数据自由流动的思路，力求将自身信息优势转化为经济效益。① 我国的数字经济发展已经走在世界前列，建立规范的数据要素流动市场，是提高国际竞争力的关键。金融业应抓住全球化和金融业开放的机遇期，探索适合我国的金融数据跨境流动规制路径，打造我国数据跨境流动的生态圈，扩大影响力，赢得在国际社会规则制定中的先发优势和主动权。

5.4.2　金融机构个人数据跨境法律规制的现状及存在的问题

5.4.2.1　我国现行法律对金融机构个人数据跨境的相关法律规定

我国对于数据跨境流动的规制起步较晚，相关的法律法规散见于各类规范性文件中，对金融数据跨境的规定更是少之又少。《网络安全法》第37条规定，因业务需要，确需向境外跨境的，应当在境内存储，进行安全评估。可以说，该条确立了我国数据跨境的基本规则和框架，但是该法案主要针对关键基础设施的数据跨境传输。2022年9月1日施行的《数据出境安全评估办法》将数据跨境流动的适用主体从"关键基础设施"扩大到全体"数据处理者"。由此可见，我国立法对于数据跨境流动的规制主要采取：针对重点行业中的重要数据、个人数据，采取以"本地化存储"为原则、"出境安全评估"为例外的方式进行规制，从而维护国家安全、保

---

① 王远志. 我国银行金融数据跨境流动的法律规制. 金融监管研究，2020（1）：51–65.

护个人数据、促进本国经济发展。

当前金融数据跨境传输规制框架主要包括两个层面：一是以《网络安全法》为基础的一般规定，适用于各行业的个人数据和重要数据跨境传输；二是金融行业的特别规定，是金融机关部门制定的专门针对个人金融数据跨境的相关规定。网信部门的总体要求是：金融数据应在本地存储，原则上禁止出境，因业务需要，确需向境外传输的需经安全评估。① 也就是说，金融数据跨境传输的条件是本地化存储和安全评估，同时满足两个条件才可跨境传输。金融监管部门的要求是：金融数据应在本地存储，原则上不允许出境，因业务需要确需跨境的，需要经过客户的明示同意，传输的对象仅限于关联机构（境外总行、母行或分行、子行），而且接收数据的关联机构必须承担保密义务。② 也就是说，金融机构个人数据原则上不能出境，"例外情况"是业务必需＋客户同意＋关联机构＋保密，满足上述四个要件才可出境。

综上所述，金融数据的跨境适用于数据跨境的一般规定，但是鉴于金融数据的特殊性，国家对于金融数据跨境也有更为严格的特殊规定。即便如此，金融数据跨境的法律规制依然面临很多问题，亟须解决。

5.4.2.2　金融机构个人数据跨境法律规制存在的问题

第一，我国金融数据出境，以禁止为原则，这种规制思路会导致规制利益和成本之间的失衡。首先，金融业全球化发展是大势所趋，禁止金融数据跨境流动不利于提升我国金融业的全球竞争力。其次，禁止金融数据出境只是单方面从数据安全角度出发的规制，忽视了金融市场的需求，即使有助于防范金融风险，也会降低金融市场活力，用极高的规制成本获得极少的收益，造成保护与利用的失衡。大部分的金融数据跨境传输是因为

---

① 参见《网络安全法》第 31 条和第 37 条。

② 参见 2011 年中国人民银行发布的《关于银行业金融机构做好个人金融信息保护工作的通知》（银发〔2011〕17 号）第 6 条；2011 年 5 月中国人民银行上海分行发布《关于银行业金融机构做好个人金融信息保护工作有关问题的通知》（上海银发〔2011〕110 号）第 4 条；2016 年《中国人民银行金融消费者权益保护实施办法》（银发〔2016〕314 号）第 33 条。

开展业务所必需，原则上禁止的规制思路不仅会影响跨境金融业务的开展，也会影响外资对中国市场的信心，不利于我国金融市场的发展。因此，金融数据出境法律规制的目标应在保障数据安全与促进数据流动之间寻求平衡。

第二，对跨境传输的个人数据的范围界定不明确，现有法条存在冲突与重叠的情况。《中国人民银行关于银行业金融机构做好个人金融信息保护工作的通知》规定个人金融信息①都不得向境外提供；《银行业金融机构反洗钱和反恐怖融资管理办法》第28条规定银行金融机构不得向境外提供客户身份资料和交易信息；《征信业管理条例》规定征信信息原则上不得跨境；但是2020年《个人金融信息保护技术规范》规定"因业务需要"可向境外提供金融数据，但是没有明确可以跨境提供的金融机构个人数据的范围。

第三，对金融数据跨境的规制思路较单一，具体情形需进一步细分。金融数据跨境的情形复杂，单一的规制思路会造成规制脱离实际、可操作性差。现有的法律法规如《网络安全法》《个人信息保护法》都未明确"因业务需要"的具体情形，不同的金融业务，个人数据跨境目的、利益诉求和风险等都有所不同，不加区分地进行规制不利于实现规制的目的。而且安全评估流程的烦琐和复杂，不能满足现实的需求。

5.4.3　我国金融机构个人数据跨境法律规制的完善

5.4.3.1　规制思路：以数据安全为底线的基础上促进金融数据的自由流动

金融数据的跨境流动对于金融业全球化发展和促进国际贸易都至关重要。我国目前正在大力发展数字金融，如何在确保金融数据安全底线的基础上，促进金融数据的自由流动，激发金融市场的活力，是法律规制的重点。

---

①　个人身份信息、个人财产信息、个人账户信息、个人信用信息、个人金融交易信息、衍生信息以及在与个人建立业务关系过程中获取、保存的其他个人信息。

首先，在整体的规制思路上要确立金融数据流动的平衡理念，实现三个层面的规制目标，即维护国家安全；促进金融数据流动，维持金融市场稳定；保护金融消费者权益。在利益平衡的基础上兼顾三个目标，不可顾此失彼。其次，从我国金融业发展的实际状况出发，坚持金融数据本地化的要求。一方面，《网络安全法》已经确立了数据本地化的原则，金融数据的相关规定应以上位法规定的原则为依据，保持法律体系内部的严谨性和完备性。另一方面，我国现有的金融数据跨境方面的相关规定也都采用了数据本地化的原则，金融数据的跨境流动牵扯利益甚广，而我国金融业全球竞争力还有待提高，法律法规也有待完善，坚持数据本地化有助于守住数据安全的底线。最后，应明确金融数据跨境传输的具体条件，如"因业务需要"的具体情形，可以跨境传输的"个人金融数据的类型"，不同业务类型下金融数据传输规制的重点等。总之，结合金融数据跨境的具体情况，制定有针对性的法律规范，提高法律规制的可执行性。

5.4.3.2　金融机构个人数据跨境传输分级分类的法律规制

2020 年 3 月中共中央、国务院发布《关于构建更加完善的要素市场化配置体制机制的意见》强调，推动完善大数据环境下的数据分级分类安全保护制度。数据分级分类的保护思路，在我国的《网络安全法》《数据安全法》，以及正在制定中的《网络安全等级保护条例》等都有所体现，并逐渐细化数据分类分级的合规要求。金融机构个人数据类型复杂，应用场景复杂，不同类型个人数据在跨境传输时引发的风险也各不相同，采取分级分类的法律规制，可以明确数据保护对象，有效配置个人数据跨境保护资源和成本，提高规制的效率。数据的分级和分类是两个不同的概念，分级一般是从数据安全、隐私保护角度进行划分，分类的标准很多，一般按照数据的内容进行划分。

第一，从金融机构个人数据分级的角度看，根据数据安全和敏感程度，可以将金融数据分为重要数据、敏感数据和一般数据。我国《网络安全法》就提出了重要数据的概念，重要数据是指"与国家安全、经济发展以及公共利益密切相关的数据"，金融数据属于重要数据受到特别保护，但是没有具体的分级标准，可操作性不强。需要明确的是，重要数据既包括个人数据也包括非个人数据，敏感数据主要指的是个人数据。对于敏感数据，大多数国家都禁止敏感数据出境。我国 2020 年发布的《信息安全技术 个人信息安全规范》和 2022 年颁布的《数据出境安全评估办法》等技术标准中已经形成对敏感数据跨境进行分级规制的思路，但是对于敏感数据跨境的条件未作出明确规定。

针对个人金融数据的分级可参见我国《个人金融信息保护技术规范》，根据数据遭到未经授权查看或未经授权的变更后所产生的影响和危害，将个人金融数据按照敏感程度从高到低分为用户鉴别信息（C3）、可识别信息主体身份与金融状况的个人金融信息（C2）、机构内部的信息资产（C1）三个级别，危害程度逐级降低。[①] 从数据传输的角度，C1 级金融数据主要是金融机构内部使用的数据，相对来说敏感度低，原则上经数据主体同意可以跨境；C2 级的金融数据能够识别到特定的个人，采取匿名化的方式后，可以跨境；C3 级的金融数据敏感度最高，应禁止跨境。这种分类可以作为个人金融数据跨境传输的参考，但是还需要进一步细化。

第二，从金融机构个人数据分类的角度看，通常按照金融机构个人数据的内容可以划分为身份数据、交易数据、账户数据、财产数据、信用数据、衍生数据等。通常情况下，金融机构在开展业务的过程中必须使用或处理的数据类别是个人基本数据和交易数据。纵观全球，为了金融交易的方便，大多数国家或地区是允许这两类数据在特殊情况下跨境传输的。因此，开展金融业务必需的情况下，可以适度放宽个人基本数据和交易数据，在数据主体明示授权的情况下跨境传输给相关机构。

"信用数据"是大多数国家限制或禁止跨境的一类数据。我国《征信业管理条例》规定，征信信息必须在境内处理和存储。美国《公平和准确信贷交易法》也有类似的规定[②]。"衍生数据"是金融机构在收集的个人原

---

① 参见中国人民银行发布的《个人金融信息保护技术规范》（JR/T 0171—2020）第 4.1 条。

② United States，Fair and Accurate Credit Transactions Act（FACTA）．［2021-01-20］．https：//www.investopedia.com/terms/f/facta.asp.

始数据的基础上，进行整理、汇编、分析、处理等形成的反映个人特征的数据，这类数据价值高，有助于金融机构进行精准营销、产品研发和金融创新。对于衍生数据的跨境，虽然没有专门的规定，但是这类数据能够全面反映消费者的风险偏好、消费习惯等，识别性强、敏感度高，应该对其限制跨境传输，加强保护。除此之外，金融领域还有一些特殊类型的个人数据在跨境方面需要特殊的规制。如"健康医疗数据"和"支付数据"等。保险公司在提供保险服务时需要收集健康医疗数据。这些数据敏感度高，而且数据融合后能够反映一国国民的基本健康和疾病的情况，与一国国家安全息息相关，应禁止跨境。"支付清算数据"直接影响消费者的资金安全，与金融体系的稳定性密切相关，对于这类数据原则上禁止跨境，仅在基于重大公共利益等原因时才可向境外传输。

5.4.3.3　根据金融数据跨境的目的采取不同的规制方法

第一，基于日常商业目的产生的金融数据跨境流动，建议采取开放性的流动原则。随着金融业务全球化的发展，跨境金融业务必然会涉及消费者金融数据的跨境流动。这种基于日常商业目的产生的个人数据跨境流动十分常见。数据的价值在于流动，在满足一定条件下，应采取开放性的跨境流动原则，更有利于促进金融业的发展。首先，必须取得客户的明示同意。不同于境内一般的数据使用或数据流动，金融数据跨境流动是数据从一国法域进入另一国的法域，无论是硬件设施还是相关规定都发生了显著变化，因此，必须在消费者充分知情的前提下才能跨境。其次，跨境传输金融数据基于金融业务开展所必需，如履行与消费者之间的合同。最后，金融集团总部与分支机构之间签订数据保护协议，确保金融数据跨境传输的安全。该协议需满足我国法律的相关要求，并经监管部门批准和备案。

第二，基于外部审计、外包等需求跨境向第三方转移数据，相较于基于日常商业活动传输数据具有更高的风险，应分类规范。从数据安全角度，金融集团内部的数据治理框架和数据处理标准较为统一，便于控制风险，而第三方机构的风险较难监控；从资金安全角度看，消费者与金融机构有金融服务合同的保障，出现因数据泄露引发资金安全的问题时，消费者更容易维权，而第三方与消费者之间没有合同关系，一旦侵权，责任难以有效落实。因此，基于上述目的转移的金融数据可要求加重数据接收方的数据保护义务，对跨境金融数据传输的内容、范围、方式、路径等做详尽规范。

第三，基于境外监管要求跨境向金融监管部门转移数据，应原则上禁止。金融数据的监管在某种程度上体现了国家在金融数据领域行使数据主权，若金融数据的跨境流动是基于数据流入国金融监管部门的监管要求，那么这种跨境流动实际上是对数据主权原则的一种突破。① 此类数据传输应经金融监管部门事前审批，并根据双方监管合作等情况，视情决定是否允许金融数据出境。

第四，为应对境外诉讼跨境传输金融数据的，本质上同基于监管要求跨境传输数据一样，都体现为对数据主权原则的突破。对于应诉需求的数据跨境，相关组织、个人应当向金融监管部门报告，获得批准后方可提供。应当依照中华人民共和国缔结或者参加的国际条约所规定的途径进行；没有条约关系的，通过外交途径协商解决。

5.4.3.4 金融机构个人数据跨境安全评估机制

金融机构个人数据跨境传输场景复杂，建立金融机构个人数据跨境评估机制是控制风险的关键环节。但是，将金融数据跨境的安全审查全部集中在安全评估环节，既不符合金融实际的运转情况，也会造成大量的行政负担，可将安全评估环节与日常金融监管相结合。首先，对于金融机构在开展业务过程中向关联机构跨境传输金融数据的，安全评估时可将监管机构的日常监管数据作为参考，节省个案评估的时间，提高效率。其次，建立跨境传输白名单制度。监管部门可以将充分满足保护需求的数据接收方列入白名单，对于白名单上金融机构的金融数据跨境安全评估时，可简化评估程序，白名单上的金融机构应定期向监管部门报告数据保护的情况以及采取的保护措施情况。最后，加强监管部门之间的数据协作与共享，即

---

① 王远志. 我国银行金融数据跨境流动的法律规制. 金融监管研究，2020（1）：51-65.

负责数据出境评估的网信部门与金融监管部门之间的协作。网信部门负责金融数据出境安全评估，金融监管部门负责金融机构数据处理的日常监管。监管部门之间的数据协作与共享，就是将日常监管与跨境评估紧密结合，有助于提高金融数据跨境评估的质量和效率，防范金融数据跨境风险。

第6章
金融机构个人数据治理
法律制度的构建

金融机构个人数据处理是个持续的、多环节的过程，数据处理风险贯穿整个数据生命周期，除了在微观层面明确数据类型与标准，结合具体场景制定金融机构个人数据处理行为规范，还需要在宏观层面构建金融机构个人数据治理法律制度，确保标准与法律规范的执行与监督，为维护金融消费者权益、控制金融数据处理风险、维护金融市场稳定提供制度保障。

6.1 金融机构个人数据处理法律规制理念的重塑

由于金融行业的特殊性，一直以来对于金融领域的法律规制奉行的是以政府规制为主导的管制型规制理念，但是，金融机构个人数据作为大数据时代金融业的新型生产要素，对其进行法律规制的最终目的是充分释放个人数据的价值，促进金融市场的发展。金融行业释放数据价值的核心是充分调动金融机构的主动性、积极性和创造性，这与传统以准入、许可或惩戒为主的政府规制理念不同。金融数据处理的特性和现实发展情况决定了金融机构个人数据处理法律规制的理念需要重塑以顺应时代的发展。

6.1.1 理念的转变：从政府规制到协同治理

数字经济时代，金融机构个人数据成为驱动金融业发展的新的生产要素，金融机构个人数据处理对金融市场的影响，从最初的技术应用发展到制度的变革升级，金融领域传统的政府规制理念受到严峻挑战。首先，金融机构个人数据处理中金融监管部门与金融机构之间的结构关系发生变化。数据与技术的深度融合，使得先进的数据技术和海量的数据资源掌握在金融机构和平台手中，金融平台也因其拥有的技术和数据，逐渐发展出一种社会新型权力，如制定平台规则的"准立法权"、处理平台纠纷的"准司法权"、行使平台监管的"准行政权"。[1] 这种结构关系的变化，直接挑战金融监管部门的中心地位，政府在金融机构个人数据处理方面的监管能力弱化。其次，金融机构个人数据处理在金融业态中引入科技之维，使得金融业务呈现"去中心化"的发展趋势，如区块链技术的应用、大数据征信的广泛开展等，这种"去中心化"的发展趋势与传统"中心化"的政府规制逻辑存在冲突，强调发挥多元主体作用的扁平化协同治理逻辑与数字金融"去中心化"的发展趋势更匹配。再次，金融机构个人数据处理链条长，场景复杂，任一环节产生的微小风险在网络瞬时效应和扩大效应的加持下，都有演变成系统性金融风险的可能，试图通过自上而下的统一规制解决问题的政府规制思路是不可行的，需要金融机构结合具体的个人数据处理场景和风险类型进行自我规制，并通过信息共享和沟通，建立自下而上的协商机制，实现多元主体协同治理才能实现规制的目的。因此，金融机构个人数据处理法律规制理念应从政府规制转变为协同治理，整合政府、社会、市场的各方面资源，规制主体由"单一政府机构"向"多元利益主体"转变，充分激励金融机构发挥主动性作用，由"自上而下的强制"转变为"自下而上的协商"，灵活采用多种规制手段，促进多元主体的协调与合作。

从政府规制转变为协同治理的理念，将金融机构个人数据法律规制的

---

① 马长山. 智慧社会背景下的"第四代人权"及其保障. 中国法学，2019（5）：13.

思路引至以下规制方向：第一，金融监管部门角色的变化。在传统的政府规制模式中，政府居于中心地位，处于管理者或控制者的角色，在协同治理的理念下，政府的角色从控制者转变为服务者、促进者或参与者。如建立金融大数据平台，为金融机构数据处理和交易提供基础设施，制定金融数据处理的标准或指南，为金融机构处理数据提供参照等。第二，金融监管部门与金融机构之间的关系变化。协同治理理念下，金融监管部门与金融机构之间不再是单一的管理与被管理的关系，而是协同合作的关系，不再依靠命令、决策等方式自上而下地传达信息，而是通过合作者之间共享信息，形成共同的价值观，在不断协商中形成共治的局面，以应对大数据时代金融数据风险的不确定性。第三，治理手段的变化。政府规制的基础是政府的权威，更多依靠行政命令实现政策目标，"如果说治理是一种权力，那它表现为一种柔性且有节制的权力"。① 协同治理的基础是互信，监管部门更多采用柔性的手段，充分尊重多元利益主体的意志和权利，注重主体参与协商机制的建立，平衡不同主体间的利益冲突，激发各利益主体的内在积极性。

6.1.2 金融机构个人数据协同治理的总体框架

金融机构个人数据协同治理的本质是多元主体参与的合作共治，是金融监管部门、金融机构、金融消费者之间能够基于信任、互利、协作的原则形成社会协调治理网络，平衡各方利益主体的权益，实现金融机构个人数据治理目标的过程。在目标层面，平衡个人数据的保护与利用，充分释放数据价值；在组织层面，建立多元主体参与的合作治理机制，基于互信原则，加强主体间合作；在措施层面，变"硬措施"为"软措施"，激发金融机构参与治理的积极性和自我规制的内在动力。

第一，总体目标——平衡金融机构个人数据的保护与利用。金融业的发展不能以牺牲金融消费者的权益为代价。因此大数据时代下金融机构个人数据治理，一方面充分发挥金融机构个人数据价值，另一方面保障金融

---

① ［法］让·皮埃尔·戈丹. 何谓治理. 钟震宇译. 社会科学文献出版社，2010：4.

机构个人数据的隐私与安全。这两者不可偏颇，只有在两者间做好平衡和兼顾，才能保证金融机构个人数据治理有效运行和健康发展。金融机构个人数据的保护与利用不是非此即彼的关系，而是相辅相成的关系，做好金融机构个人数据的安全及隐私保护，金融消费者才更有意愿提供和共享个人数据，从而促进数据的流通，数据流通才能充分释放个人数据的价值，进而在提高金融机构效率的同时提高金融消费者的福利，消费者受益之后，更有动力去提供个人数据，这种正反馈的个人数据流动系统才是金融机构个人数据治理的终极目标。

第二，组织结构——建立多元主体参与的协商合作机制。传统金融监管是一种自上而下的命令控制模式，优点是组织严密，效率高，政策与规章能够贯彻落实；缺点是金融监管机构无法第一时间获取行业信息，政令滞后。相反，多元主体参与的合作治理是一种自下而上的协商机制，参与主体能够及时提供一手的行业信息，有助于设计更为科学合理的数据处理制度，同时，协商机制也能够降低各方主体对规制的抵触心理，使得与数据处理相关的法律规章更容易被彻底执行。金融机构个人数据处理具有专业性、动态性、扩散性等特点，存在监管机构与金融机构之间技术与信息的不对称，监管滞后或者监管真空问题时有出现。因此，多元主体治理模式可以改变技术与信息不对称，通过信息共享、共同协商、合作共治，及时调整相关规定及措施，促进数字金融的发展。

第三，治理措施——变"硬措施"为"软措施"。在金融机构个人数据潜藏的巨大经济价值的驱使下，金融机构有着极强的个人数据利用的动力，但是缺乏同等程度的个人数据保护的动力。传统命令控制型的"硬措施"，采用强制性的手段，将金融机构作为被管制的对象，容易引发金融机构的反感，提高执法成本。可以采用"软措施"，以激励的手段激发金融机构保护个人数据的内在动力，使个人数据保护成为金融机构处理数据的内在需求，调动金融机构参与治理的积极性，变被动合规为主动合规，提高执法效果。① 此外，也可借助科技手段，技术问题需要技术手段解决，金融监管部门利用人工智能、区块链、云计算、大数据等新兴数字技术开展金融机构个人数据治理，实现金融机构个人数据治理的智能化、自动化和技术化。

6.2 金融机构个人数据的外部治理机制

金融机构个人数据治理机制需要内部治理与外部治理的协同，具体思路主要是内部自我规制，外部执法威慑。内部治理机制主要是激发数据控制者保护个人数据的内在动力，进行自我规制。但是完全依靠数据控制者的内部治理，不能形成有效的激励约束，通过在外部设立数据监管机构，形成有效的外部执法威慑，才能促进数据控制者积极履行职责。② 外部治理机制主要起到约束、监督和促进的作用，金融机构个人数据外部治理机制侧重于以监管机构为主体的规制机制的构建。监管与治理不同，监管侧重于控制被监管者的行为，治理侧重于调整不同利益主体从共同利益出发、彼此协作的行为动机。协同治理理念下的监管，通过建立协调性监管框架，打造科技驱动监管模式，采用审慎包容的监管措施等，调整金融监管机构与金融机构及其他利益主体之间的关系，变控制为引导或促进，为金融机构个人数据治理提供制度保障。

6.2.1 建立多元主体参与的协同式监管体系

相较于传统金融业务，金融机构个人数据处理的主体多元，且跨行业性、技术性、风险性更强，金融数据领域需要多方参与、资源共享、协调共治，形成稳定的治理体系。具体而言，以金融监管部门为核心，建立监

---

① 参见［美］朱迪·弗里曼. 合作治理与新行政法. 毕洪海等译. 商务印书馆，2010：25.

② 周汉华. 探索激励相容的个人数据治理之道——中国个人信息保护法的立法方向. 法学研究，2018，40（2）：5-6.

管机构内部的协调性监管框架，形成监管合力，推动金融机构、行业协会和社会力量等非政府组织之间形成均衡监管。

6.2.1.1 监管机构层面——协调性监管框架

我国现阶段设有专门的金融消费者权益保护部门，但是，没有专门的金融数据监管部门。金融机构个人数据处理不仅涉及金融消费者权益保护问题，还涉及数据安全和数据合规流转等方面。在现有的监管框架下，成立专门的金融数据监管部门存在一定的现实困难，建立协调性监管框架较为适宜。横向上，由金融稳定发展委员会、中国人民银行针对金融数据进行宏观审慎协调监管，实现各部门监管数据的协调与交流，落实数据监管的责任，理顺职责关系，强化跨部门、跨业务的协同监管能力；纵向上，由银保监会、证监会分别对银行保险业、证券期货业的个人金融数据保护情况进行监管。① 金融机构内部建立数据保护部门或设置数据保护专员，专门负责本机构个人数据保护政策的制定、开展个人数据风险管理评估、处理纠纷等。加强外部监管与内部监管的合作，采用柔性监管方式，如制定软法，鼓励金融机构及行业协会积极参与金融机构个人数据处理的标准，标准先行，经过实践的检验再上升为具有法律约束力的行为规范；或者采用信息公开、声誉认证、产品公示等方式，以及灵活多样的监管手段，提高金融数据监管的效果。

6.2.1.2 金融机构层面——加强自主监管

在金融数据处理方面，金融监管部门与金融机构之间存在严重的信息不对称。一方面，金融机构个人数据处理具有隐蔽性，很多细节信息外界无法获取。例如，金融机构个人数据的预测分析的算法、大型金融平台数据采集分析的系统漏洞及运作模式等。另一方面，由于金融机构个人数据处理业务同质化情况比较明显，彼此之间存在激烈的商业竞争，竞争让它们彼此了解，所以企业比监管部门对竞争对手的运营模式更为了解，加强金融机构之间的监督与约束更有利于提高监管效果。由此可见，加强金融

---

① 吴江羽. 金融科技背景下金融数据监管法律框架构建. 西南金融，2020（11）：76-85.

机构的自我监管能够改善信息不对称的局面，让金融机构拥有更多的自主权，激发其自我监管的动力，降低规制成本、提高监管效率。

6.2.1.3 行业协会层面——加强行业自律

通常情况下，政府监管部门的规制是外部规制，行业协会的规制与企业的自我规制都属于内部规制。行业协会具有贴近会员机构与市场的天然优势，更了解行业的整体利益，向政府监管部门传递真实的信息与诉求，有助于提高监管效率、降低监管的沟通成本。具体而言，要由行业协会牵头，制定金融数据的行业标准，规范金融机构个人数据处理行为；考虑到个人数据的跨业务性和流动性，要充分发挥各行业协会之间的服务、协调、监督职能；协调处理金融机构个人数据侵权问题，维护金融消费者权益；评估金融机构个人数据处理风险等。行业协会是金融数据协调性监管体系的重要补充。

6.2.1.4 构建社会监督体系

金融机构个人数据通常为个人敏感数据，一旦泄露或者滥用，对金融消费者群体产生的危害非常严重，金融消费者是最直接的受害者，建立社会监督体系，可以充分动员金融消费者群体对金融机构个人数据处理的监督，同时借机向金融消费者开展个人信息安全教育，全面提升数据安全意识。同时，随着数据技术的迅速发展，金融监管部门应采取有效措施发挥社会监管的力量，如利用微博、官方 App 等获取举报信息，也可以适当采取有奖举报等激励措施，鼓励和引导社会各界积极参与金融机构个人数据治理。

6.2.2 打造科技驱动型监管模式

数字金融是以数据驱动的金融创新，金融科技的发展不但加剧了金融机构与金融消费者之间的信息不对称，也使得金融创新与传统金融监管之间形成了"数据鸿沟"。面对海量的个人金融数据被自动化处理，监管机构依靠传统的人工监管手段不仅效率低下，而且难以识别数据风险，监管手段的技术化势在必行。监管机构应树立技术驱动型监管思维，在行业内业已成熟的大数据和云计算技术上建立实时、动态的监管系统。① 监管科技的重要价值在于提升数据处理实时监管能力，通过科技手段改变金融监管模式、重构金融监管体系。

科技驱动型监管模式的具体内容：第一，监管机构与金融机构之间的金融数据共享机制。数据共享机制可以改变双方的信息不对称，有助于增加双方的互信。这种互信机制将以往"自上而下"的单向度监管转变为数据共享下的"双向度"共同治理，一方面，监管机构了解金融机构的实际需求，对其监管目标的制定更为精准；另一方面，金融机构对监管政策也更为清晰，便于执行。第二，实现监管数据处理的自动化和智能化。金融业数字化转型意味着所有的金融活动都表现为数据处理活动，实现监管数据处理的自动化和智能化才能有效提高监管的质量和效率。具体而言，监管部门将金融数据处理的标准和规范合成建立统一的 API 端口，监管部门利用 API 与金融机构之间实现监管数据的共享，实时获取监管数据，保证监管数据的及时性、有效性和完整性。同时，运用监管科技对监管数据进行自动化分析，生成数据监管报告，提高数据处理风险的动态监管能力，有效控制金融风险。监管科技还应该在人工智能、算法分析等方面加大投入与研发，利用科技助力监管，建立专业化的金融数据监管模式。第三，实现个人数据全生命周期的过程监管。金融机构个人数据处理风险贯穿整个生命周期，在个人数据处理的各个环节都可能出现风险，监管科技将人工智能、区块链、自动化学习、云计算等技术应用到风险管控、合规管理等场景中，可以提高个人金融数据风险识别的实时性和准确性，实现金融机构个人数据生命周期的全流程监管。

6.2.3　加强金融数据基础设施建设

首先，金融数据基础设施建设是保护金融数据安全、促进金融数据流动的基础。国际清算银行支付结算体系委员会（CPSS）和国际证监会组织（IOSCO）在《金融市场基础设施原则》中，将金融基础设施分为"系统

---

① 杨东. 互联网金融治理新思维. 中国金融，2016（23）：43-45.

重要性支付系统""中央证券存管""证券结算系统""中央对手方""交易数据库"五大系统。① 广义的理解，金融基础设施是金融市场有效运行的基础环境，一方面，在硬件设施方面，金融基础设施是开展金融交易的基础，包含大量的金融数据，如支付系统、征信系统等；另一方面，金融基础设施除了硬件设施还包括相关的制度安排，与金融数据处理的规范化息息相关，因此，加强金融基础设施是规范金融数据处理的重要环节。金融基础设施的运用可以保护金融数据的安全，如交易报告库，收集大量的交易记录，提高监管的效率，人民银行正在加快建立我国专门的金融交易报告库。此外，一些大型互联网企业也在利用自身的平台优势，支持金融基础设施的建设。

其次，打造统一的金融大数据监管平台。第一，实现金融数据的共享。目前金融监管部门之间、金融机构之间、金融市场之间存在"数据孤岛"现象，统一的数据监管平台有助于打破"数据孤岛"，实现金融数据的互联与共享。第二，统一金融数据的标准。对金融数据的采集、分类、评价等形成统一的标准，便于金融数据的流通，实现监管标准的统一。第三，监测金融风险。在平台上建立风险监测预警，优化风险分析模型，动态监控风险，防止风险的扩散。将金融数据的监管标准嵌入业务流程的设计中，保护客户数据资产安全。第四，提高监管的效率。通过金融大数据监管平台实现信息的及时反馈，改变监管部门与金融机构之间的信息不对称，有助于压缩监管套利的空间，提高监管的效率和质量，为数字金融的发展赋能。

6.2.4 采取审慎包容性的规制措施

金融机构个人数据治理的难点是在数据处理的系统性风险和金融消费者个人权益保护之间寻求平衡，目前，我国金融机构个人数据处理存在的问题主要表现在传统个人数据保护手段的失效。技术的发展、数据的融合

---

① 中国人民银行支付结算司译．金融市场基础设施原则．中国金融出版社，2014：9-10.

使得匿名化的技术手段难以真正切断数据与个人之间的关系；而且个人数据价值的开发具有极大的不确定性，作为数据控制者的金融机构，在收集个人数据之初也很难预知数据的用途，这使得传统的知情同意和目的限制保护机制失效。此外，大数据时代，金融机构个人数据处理的主体和场景都日益复杂，金融机构个人数据处理过程中的数据控制者包括金融机构、金融科技公司、互联网公司等，处理的场景包括支付场景、信贷场景、投资场景等，不同的数据控制者、不同的应用场景，决定了个人数据运用方式的多样性。现阶段，金融机构个人数据处理还处于发展阶段，规制措施过于严格，就会阻碍数据的流动，影响个人数据价值的发挥，规制措施过于宽松，又会扩大数据侵权的风险。因此，在金融机构个人数据治理中适宜采取审慎包容的规制措施，要慎重考虑规制手段的力度和方式，在个人数据保护的基础上，给予金融创新适度的空间。

具体包括以下几个方面：第一，个人数据处理的容错试错机制。随着数据技术的发展，金融机构对于个人数据的利用还处于初级阶段，技术如何发展，价值如何挖掘都有待金融机构的不断尝试，因此，应该给予不断创兴的金融公司一定的规制空间，可以借鉴"监管沙盒"运行原理，在划定底线监管的基础上，设立"规制沙盒"，在金融监管部门划定范围内，让金融机构有试错的空间，又不会引发风险，激励金融机构不断地创新数据的处理方法。第二，使用"软法"治理。"软法"与法律相比，不具有强制约束力，但是"软法"是由监管机构制定，是监管部门执法的重要参照标准，具有一定的规范效果。"软法"治理可以为规制部门留下一定的缓冲空间，一方面让被监管者了解监管部门关注数据处理合规领域，以及数据处理不合规面临的风险及责任；另一方面防止监管部门因为对实际状况的错误评估与预判而采取极端的规制措施，增强规制手段的科学性和实效性，提高规制的效果。第三，应重视培养金融机构保护个人数据的内生机制的建设，如通过数据安全认证提高金融机构的声誉机制，增强金融机构的竞争力；也可以通过减免税费等方式，鼓励企业履行安全保障义务，目的是引导金融机构将个人数据保护由被动的外在规制转化为主动的内在需求。

6.3 金融机构个人数据的内部治理机制

金融机构是个人数据的实际控制者，个人数据处理的全生命周期都掌握在金融机构手中，金融机构才是个人数据处理的核心，如果说监管是治理的外因，那么金融机构就是治理的内因，因此，对个人数据治理最重要的是培育有效的金融机构内部治理机制。建立金融机构内部治理机制并不是单方面地从外部施加合规压力，而是变被动为主动，培育其保护个人数据的内在动力。如果说监管部门的规制是他律，金融机构内部的规制就是自律，他律主要是在外部为金融机构设定最低的目标和要求，设定规制框架，自律则是金融机构针对自己的数据处理行为进行控制，从实际运行中发现问题，内部规制更具有及时性、针对性和可行性。两者的结合才能更好地实现数据治理的目标。

加强金融机构内部治理的优势：第一，技术和信息优势。金融机构掌握个人数据处理的全部技术和信息，相较于金融监管部门存在技术上和信息上的优势，能够及时且有针对性地解决数据处理中存在的问题。第二，制度优势。内部治理主要依靠同行压力、伦理标准、声誉机制和内部的行为准则运作，当金融机构的个人数据行为规范得到同行的广泛认同、消费者的信赖，由此获得很高的声誉，既可以为金融机构带来利润，也可以激发其个人数据治理的内在动力。第三，成本和效率优势。一方面，内部治理不需要遵循严格正式、烦琐的法定程序，节约规制成本；另一方面，内部治理对于新形势新问题的反馈更快捷，及时调整以适应形式的变化，符合数字金融发展的内在需求。

6.3.1 金融机构的数据保护官制度

实现金融机构内控制度的根本是建立有效的组织体系，激励金融机构在个人数据处理方面积极、主动作为，使得个人数据合规处理成为其内生机制的一部分。从国际上看，欧盟成员国在20世纪末21世纪初，为了规范数据控制者的数据处理行为，设立数据保护官（DPO）制度①。并在《一般数据保护条例》（GDPR）中正式将数据保护官制度写入条款，DPO是恰当、及时参与所有个人数据保护的管理者，负责监管所在组织机构个人数据安全策略以及保证该策略满足 GDPR 合规性要求。② 与数据保护官相类似的还有美国的"首席隐私官"（Chief Privacy Officer，CPO），都属于个人数据保护官。在金融领域，国际上有设立合规官的做法，加强商业银行的内控制度建设，提高银行合规风险的管理能力。③

对金融机构个人数据处理的监管，必须加强金融机构内控制度的建设。我国个人信息保护的规范中也有类似的规定，2020 年发布的《信息安全技术　个人信息安全规范》中规定了"个人信息保护责任人"，其职能与个人数据保护官类似。2018 年银监会公布的《银行业金融机构数据治理指引》第 11 条第 2 款规定"银行业金融机构可根据实际情况设立首席数据官"以加强银行业的数据治理能力。虽然我国法条对数据保护官制度有规定，但是具体的适用条件、职责标准都含混不清，不利于执行。

金融是经济运行的命脉，信任是金融服务的根本。信任意味着持续服务不间断，意味着安全可靠不泄露，意味着谨慎保护不逾矩，金融业需要从技术上确保对客户、对资金的可控。金融业数字化已经成为不可逆转的发展趋势，个人数据处理是金融业开展服务的核心活动，因此，金融机构对于个人数据处理的安全与合规的需求，较之其他行业更为迫切，加之金融机构的准入门槛较高，数据保护官制度的设置更具有可行性。金融机构设置数据保护官的意义主要体现在三个方面：（1）事前审查，降低侵权风险，数据保护官有事前审查的权利，可以从源头上控制风险；（2）优化争端解决机制，减轻监管机构的负担，数据保护官熟悉金融机构内部的业务流程，可以及时处理微小争端和低额诉讼；（3）强化金融机构内部的数据

---

① 高富平．个人数据保护和利用国际规则：源流与趋势．法律出版社，2016：97.

② EU. General Data Protection Regulation. ［2020-02-20］. http：//data. consilium. europa. eu/doc/document/ST-5419-2016-INIT/en/pdf.

③ 蔡宁伟．银行首席合规官设立的中外比较——基于重要性、必要性与可行性的分析．西南金融，2017（11）：59-64.

监管，提高金融机构的竞争力。①

　　金融机构数据保护官的职责主要包括：负责金融机构数据处理的合规性审查，定期对金融机构数据保护工作进行监测，制定数据保护的工作计划和年度报告；塑造企业内部的数据保护文化，负责机构内部员工数据保护的培训；负责对外协调数据处理相关事宜，与监管机构之间的沟通和协调，与其他数据处理者的沟通和协调，负责同金融消费者的沟通和联系，协助实现金融消费者的数据权益等。数据保护官是金融机构与监督机构之间的沟通渠道，应独立地履行自己的职责，不能因为雇主的行政命令而影响客观事实和结论，直接向企业最高管理决策层汇报工作。

6.3.2　金融机构数据全生命周期管理制度

　　数据生命周期管理最初是由美国的存储技术公司 Storage Tek 提出来的，数据的生命周期管理是一项企业的信息化战略。数据一方面是金融机构的重要资产，对于分析客户行为、评价客户信用、提升营销精准度等方面都起到了重要作用；另一方面数据体量越来越大，对系统的存储和访问效率造成越来越大的压力。事实上，数据同万事万物一样，是一种具有生命周期的资源。对于数据生命周期的管理，是金融机构数据治理的重要一环，一个完整的数据生命周期治理流程由事前预防、事中监测、事后评估与整改三个阶段组成。②

　　第一阶段，事前预防。明确个人数据治理的目标，维护数据安全，保护金融消费者数据权益和促进个人数据的有序流动；制定金融机构个人数据处理的行为规范，规范数据处理的各个环节，保障数据处理全生命周期的合规；完善数据治理的规章制度，明确各部门的数据治理职责，建立个人数据处理的问责机制；在事前明确数据治理的目标，完善数据处理的程序规范和规章制度。第二阶段，事中监测。利用金融大数据监管平台，实

---

　　①　肖冬梅，成思雯．欧盟数据保护官制度研究．图书情报工作，2019，63（2）：144-152.

　　②　陆顾新，陈石军，王立．银行数据治理．机械工业出版社，2019：41.

时、动态地监测个人数据的处理情况，构建风险评估模型，强化风险管理；建立数据质量监控体系，对数据质量进行全流程控制，对数据质量持续监测、分析、反馈和纠正。第三阶段，事后评估与整改。通过现场检查或者非现场检查对金融机构个人数据治理情况进行持续监管，要求金融机构内部审计机构和外部审计机构定期进行审计，并提交审计报告。金融机构应及时进行整改，及时优化。

6.3.3　金融机构的自我规制中引入"通过设计保护隐私"的理念

传统的个人数据保护框架是一种事后救济模式，只有在个人数据遭受侵害时才提供救济。但是，大数据时代，金融机构个人数据处理的风险大多数情况来源于数据处理系统本身，而并不仅限于他人的侵权。在系统设计初始阶段，开发者的构想和选择已经决定了系统是否会侵犯以及以什么方式侵犯个人数据权利。在这种情况下，事后救济的补偿效果显然有限。法律追求持续稳定，而科技总是不断变化发展，"科技的发展总是快于法律，再完备的法律也无法应对最新科技引发的个人数据处理风险"。[①] 可以说，法律一经制定就已经滞后了。因此用科技的方法应对科技发展带来的风险是一种必然的选择。美国的莱斯格（Lessig）教授认为，法律、规范、市场和结构是科技规制的四个要素，优化不同要素之间的组合是实现科技规制的关键。"代码"能够规范人们在虚拟空间的行为，它就是虚拟空间的法律规范。[②] 在此基础上，又有学者提出"通过设计保护隐私"，即个人数据保护中的原则、规范所体现的价值，通过装置或系统中的参数设定、

---

① Klitou, Demetrius. Privacy by Design and Privacy - Invading Technologies: Safeguarding Privacy, Liberty and Security in the 21st Century. Legisprudence, 2011, 5 (3): 297-329.

② ［美］劳伦斯·莱斯格. 代码 2.0：网络空间中的法律. 李旭，沈伟伟译. 清华大学出版社，2009：137-140.

技术设计、代码架构等实现。① 其体现的也是"代码即法律"的规制逻辑。简单地说，就是把金融机构个人数据保护的需求，设计为系统的默认规则，只要系统运行，规则就自动执行，目的是将事后的侵权追责转变为事前的主动防御，给予金融机构个人数据全生命周期的保护。

金融机构的自我规制中引入"通过设计保护隐私"的理念，将个人数据权益保护设置成系统默认规则，可以防止个人操作不当或者误解而产生的侵权行为出现，也可以将个人数据保护时段拓展到这个数据生命周期，充分体现了金融服务以客户为中心的理念。金融机构在实施"通过设计保护隐私"的过程中，注意以下几个方面：第一，将金融机构系统实现的商业价值功能与金融消费者个人数据权益保护的功能融合在一起，系统设计不能只偏重一面。第二，"通过设计保护隐私"的规制方式就是为了弥补用户控制保护模式的失效，因此，需将法律对于金融机构个人数据保护的相关规范与代码的编制有机地结合起来。通过系统设计，可以简化消费者的选择，但是不能减损个人数据权益的保护。第三，保证金融机构个人数据处理的透明性。严格依照金融机构个人数据保护的相关法律规定和金融机构承诺的保护目标进行系统开发和设计，履行信息披露义务，保证系统隐私设计的具体内容和实施情况的透明性。

6.3.4 依托合规科技实现个人数据处理全流程控制

个人数据处理的风险贯穿数据的整个处理过程，依托合规科技，是实现数据全流程控制的重要工具。英国行为监管局最先提出合规科技的概念，该机构认为，金融机构运用合规科技有助于降低合规成本，满足合规要求。我国学者们认为，金融科技（FinTech）有两大分支：监管科技（RegTech）应用在监管端；合规科技（CompTech）应用于金融机构端。②

① Klitou, Demetrius. Privacy by Design and Privacy – Invading Technologies：Safeguarding Privacy, Liberty and Security in the 21st Century. Legisprudence，2011，5（3）：297–329.

② 何海锋，银丹妮，刘元兴. 监管科技（Suptech）：内涵、运用与发展趋势研究. 金融监管研究，2018（10）：71–72.

简单来说，监管部门采用监管科技，金融机构采用合规科技，两者虽然利用主体不同，但共性是利用技术手段实现数据合规。本书的"合规科技"是指金融机构将科技应用于监管合规。金融机构个人数据的处理在网络虚拟空间进行，主要依托于云计算、大数据、区块链、人工智能等科技，发展合规科技是提高数据处理合规质量、降低合规成本的重要治理手段。

金融机构在数据处理的合规方面，面临着成本与人力的巨大压力，合规科技是重要的解决路径。一方面，合规科技对金融数据的全流程控制，降低合规成本，实时监测风险，提高风险管理能力；另一方面，合规科技与监管科技的同步应用，及时更新监管要求，在提高监管效率的同时，保障金融机构个人数据处理的质量。在个人数据处理的过程中，合规科技能够为金融机构节约运营成本，满足监管规定，提供解决方案，提高风险管理能力。金融机构的数据合规科技主要着重于以下几个方面的建设：首先，金融机构对个人数据处理的风险控制。合规科技可以监控个人数据处理的全流程，当出现数据泄露或者违规操作，系统可以瞬时提示或记录，以便及时予以纠正。其次，合规科技可以跟踪监管规则的变化，并将数据处理的相关法律规范融入系统的默认设置中，实现系统的自动化合规分析。最后，实现金融机构的合规端与监管机构监管端数字化的互联互通。一方面，监管端向机构端直接下达数字化监管要求，机构端将其准确转化为内部约束，确保机构运作和业务操作实时合规；另一方面，机构端实时向监管端传输数据，动态生成各种合规报告，减少人工干预，提高准确度，降低人工成本。通过合规科技，架起金融机构和监管机构间的桥梁，既满足了降低合规成本的需求，也实现了合规能力的提升。

结 语

数字金融时代，金融机构个人数据的有序流动，是金融机构数字化转型和金融风险化解的关键。金融机构个人数据作为重要的生产要素，其处理风险不仅侵害金融消费者数据权益，还会造成金融机构的数据合规风险和金融系统层面的数据安全风险。因此，金融机构个人数据处理风险已经超出私益范畴而进入公益范畴。传统的个人数据赋权保护模式在金融领域存在规范逻辑、制度功能、规制效果等方面的局限性。鉴于金融机构个人数据处理风险的公共性，本书建议采用场景风险规制模式，以政府监管为主导，将场景理论与规制理论相结合，对金融机构个人数据处理实现场景化、类型化、差异化的规制。场景风险规制模式的总体思路是以维护金融数据流通秩序为首要目标，以多重利益平衡为价值取向，以风险多元治理为核心。在微观层面，对金融机构个人数据进行类型化构建，实现不同个人数据的差异化规制；从金融场景出发，明确金融机构个人数据处理的基本原则，在此基础上，结合不同的场景，对金融机构个人数据处理行为进行法律规制。在宏观层面，构建金融机构个人数据治理法律制度，通过建立金融机构个人数据外部治理机制与内部治理机制，为金融机构个人数据流动秩序提供制度保障，在实现个人数据权益保护的基础上促进个人数据流动，充分发挥金融数据价值。

脱离具体场景的个人数据保护规范原则性强，可操作性差，将场景维度引入个人数据处理的法律规制中，是未来个人数据立法的必然趋势。本书提出的场景风险规制模式也可以适用于其他规范场景中，实现一般个人数据保护与规范场景个人数据保护的结合，提高个人数据法律规制的精准性。

目前，数字技术发展带来的个人数据保护问题已经成为全球性的难题，随着技术的不断迭代，个人数据面临的风险也不断翻新，各国的个人数据保护制度都在摸索中不断调整，没有一个成熟的数据保护制度可供借鉴。本书虽尝试对金融领域个人数据的法律规制进行专题性、系统性的理论研究，但其有效性还有待实践的进一步检验。

参考文献

［1］［德］乌尔里希·贝克. 风险社会. 张文杰，何博闻译. 译林出版社，2018.

［2］［美］E. 博登海默. 法理学：法律哲学与法律方法. 邓正来译. 中国政法大学出版社，2004.

［3］［英］维克托·迈尔·舍恩伯格，肯尼思·库克耶. 大数据时代——生活工作与思维的大变革. 盛杨燕，周涛译. 浙江人民出版社，2013.

［4］高富平. 个人数据保护和利用国际规则. 法律出版社，2018.

［5］高富平. 个人数据保护和利用国际规则：源流和趋势. 法律出版社，2016.

［6］郭瑜. 个人数据保护法. 北京大学出版社，2012.

［7］［美］哈威尔·E. 杰克逊等. 金融监管. 吴志攀等译. 中国政法大学出版社，2003.

［8］何渊. 数据法学. 北京大学出版社，2020.

［9］京东法律研究院. 欧盟数据宪章——《一般数据保护条例》GDPR 评述及指引. 法律出版社，2018.

［10］京东数字科技研究院. 数字金融. 中信出版社，2019.

［11］李爱军，苏桂梅. 国际数据保护规则要览. 法律出版社，2018.

［12］李爱君. 中国大数据法治发展报告. 法律出版社，2018.

［13］李昌麒. 经济法学. 法律出版社，2008.

［14］鲁篱. 经济法的基本范畴研究. 法律出版社，2008.

［15］吕忠梅，陈虹．经济法原论．法律出版社，2007.

［16］漆多俊．经济法学（第二版）．高等教育出版社，2010.

［17］钱大军．法律义务研究论纲．科学出版社，2008.

［18］谈李荣．金融消费者隐私权与信息披露的冲突与制衡．中国金融出版社，2004.

［19］王融．大数据时代数据保护与流动规制．人民邮电出版社，2017.

［20］王忠．大数据时代个人数据隐私规制．社会科学文献出版社，2014.

［21］岳彩申．论经济法的形式理性．法律出版社，2005.

［22］张炳辉．金融信息安全．中国金融出版社，2018.

［23］张继红．大数据时代金融信息的法律保护．法律出版社，2019.

［24］张莉．数据治理与数据安全．人民邮电出版社，2019.

［25］张文显．法哲学范畴研究．中国政法大学出版社，2001.

［26］朱宝丽，马运全．个人金融信息管理：隐私保护与金融交易．中国社会科学出版社，2018.

［27］陈兵，顾丹丹．数字经济下数据共享理路的反思与再造——以数据类型化考察为视角．上海财经大学学报，2020，22（2）.

［28］陈朝兵，郝文强．国外政府数据开放隐私影响评估的政策考察与启示——以美英澳新四国为例．情报资料工作，2019，40（5）.

［29］陈一鼎，乔桂明．"互联网+金融"模式下的信息安全风险防范研究．苏州大学学报（哲学社会科学版），2015，36（6）.

［30］程啸．论大数据时代的个人数据权利．中国社会科学，2018（3）.

［31］丁晓东．个人信息私法保护的困境与出路．法学研究，2018，40（6）.

［32］丁晓东．论企业数据权益的法律保护——基于数据法律性质的分析．法律科学（西北政法大学学报），2020，38（2）.

［33］丁晓东．什么是数据权利？——从欧洲《一般数据保护条例》看数据隐私的保护．华东政法大学学报，2018，21（4）.

［34］丁晓东．数据到底属于谁？——从网络爬虫看平台数据权属与

数据保护．华东政法大学学报，2019，22（5）．

［35］范为．大数据时代个人信息保护的路径重构．环球法律评论，2016，38（5）．

［36］冯登国，张敏，李昊．大数据安全与隐私保护．计算机学报，2014，37（1）．

［37］高富平，王苑．论个人数据保护制度的源流——域外立法的历史分析和启示．河南社会科学，2019，27（11）．

［38］高富平．个人信息保护：从个人控制到社会控制．法学研究，2018，40（3）．

［39］高富平．个人信息使用的合法性基础——数据上利益分析视角．比较法研究，2019（2）．

［40］辜明安，王彦．大数据时代金融机构的安全保障义务与金融数据的资源配置．社会科学研究，2016（3）．

［41］郭传凯．人工智能风险规制的困境与出路．法学论坛，2019，34（6）．

［42］郭俊丽．对我国个人金融信息保护立法的几点思考．征信，2018，36（7）．

［43］韩兆柱，马文娟．数字治理理论研究综述．甘肃行政学院学报，2016（1）．

［44］何颖．数据共享背景下的金融隐私保护．东南大学学报（哲学社会科学版），2017，19（1）．

［45］洪延青．"以管理为基础的规制"——对网络运营者安全保护义务的重构．环球法律评论，2016，38（4）．

［46］洪延青．个人金融信息收集和共享的基本原理：基于中美欧规则的展开．中国银行业，2019（12）．

［47］胡剑波，宋帅，石峰．互联网金融信息安全风险及其防范．征信，2015，33（4）．

［48］胡文涛．我国个人敏感信息界定之构想．中国法学，2018（5）．

［49］胡雪．助推理论在金融消费者保护监管规制中的应用．银行家，

2019（3）．

[50] 黄璜．美国联邦政府数据治理：政策与结构．中国行政管理，2017（8）．

[51] 黄鹏．数据作为新兴法益的证成．重庆大学学报（社会科学版），2022（15）．

[52] 黄伟．个人金融信息跨境转移的法律规制——欧盟实践及其借鉴．中国金融，2013（19）．

[53] 黄新华．风险规制研究：构建社会风险治理的知识体系．行政论坛，2016，23（2）．

[54] 纪海龙．数据的私法定位与保护．法学研究，2018，40（6）．

[55] 蒋海，萧松华，齐洁．金融监管效率的基石：激励相容的监管机制．当代经济科学，2004（4）．

[56] 金雪军，李红坤．激励相容监管机制：银行业监管效率的基石．东南大学学报（哲学社会科学版），2005（5）．

[57] 金耀．数据治理法律路径的反思与转进．法律科学（西北政法大学学报），2020，38（2）．

[58] 黎四奇，苗羽亭．大数据背景下金融隐私权的保护．财经理论与实践，2019，40（4）．

[59] 李丹．商业银行数据治理研究．中国金融，2019（13）．

[60] 李东荣．构建互联网金融风险治理体系．中国金融，2016（12）．

[61] 李慧敏，王忠．日本对个人数据权属的处理方式及其启示．科技与法律，2019（4）．

[62] 李扬，李晓宇．大数据时代企业数据权益的性质界定及其保护模式建构．学海，2019（4）．

[63] 李玉辉，张华，张宝中．数据画像领域个人金融信息保护问题及其对策研究．西南金融，2019（2）．

[64] 李振林．非法利用个人金融信息行为刑法规制强化论．华东政法大学学报，2019，22（1）．

[65] 李振林．非法利用个人金融信息行为之刑法规制限度．法学，

2017（2）.

[66] 林永军．我国个人金融信息保护制度研究及国际比较．金融纵横，2018（10）.

[67] 刘斌．大数据时代金融信息保护的法律制度建构．中州学刊，2015（3）.

[68] 刘德良．个人信息的财产权保护．法学研究，2007（3）.

[69] 刘广，周文丹，贾炜舟等．个人金融信息保护制度研究及国际比较．西部金融，2018（10）.

[70] 刘桂锋，钱锦琳，卢章平．国内外数据治理研究进展：内涵、要素、模型与框架．图书情报工作，2017，61（21）.

[71] 刘金瑞．数据财产保护的权利进路初探．中国信息安全，2017（12）.

[72] 刘新宇．大数据时代数据权属分析及其体系构建．上海大学学报（社会科学版），2019，36（6）.

[73] 刘学涛．个人数据保护的法治难题与治理路径探析．科技与法律，2019（2）.

[74] 刘雅辉，张铁赢，靳小龙等．大数据时代的个人隐私保护．计算机研究与发展，2015，52（1）.

[75] 龙卫球．数据新型财产权构建及其体系研究．政法论坛，2017，35（4）.

[76] 陆磊．信息结构、利益集团与公共政策：当前金融监管制度选择中的理论问题．经济研究，2000（12）.

[77] 吕炳斌．个人信息权作为民事权利之证成：以知识产权为参照．中国法学，2019（4）.

[78] 马长山．人工智能的社会风险及其法律规制．法律科学（西北政法大学学报），2018，36（6）.

[79] 马兰．金融数据跨境流动规制的核心问题和中国因应．国际法研究，2020（3）.

[80] 梅夏英．数据的法律属性及其民法定位．中国社会科学，2016

（9）.

[81] 梅夏英. 在分享和控制之间数据保护的私法局限和公共秩序构建. 中外法学, 2019, 31 (4).

[82] 穆勇, 王薇, 赵莹等. 我国数据资源资产化管理现状、问题及对策研究. 电子政务, 2017 (2).

[83] 倪蕴帷. 隐私权在美国法中的理论演进与概念重构——基于情境脉络完整性理论的分析及其对中国法的启示. 政治与法律, 2019 (10).

[84] 彭诚信, 向秦. "信息" 与 "数据" 的私法界定. 河南社会科学, 2019, 27 (11).

[85] 齐爱民, 盘佳. 数据权、数据主权的确立与大数据保护的基本原则. 苏州大学学报 (哲学社会科学版), 2015, 36 (1).

[86] 齐爱民. 个人信息保护法研究. 河北法学, 2008 (4).

[87] 任超. 网上支付金融消费者权益保护制度的完善. 法学, 2015 (5).

[88] 任春华, 卢珊. 互联网金融的风险及其治理. 学术交流, 2014 (11).

[89] 任龙龙. 个人信息民法保护的理论基础. 河北法学, 2017, 35 (4).

[90] 任龙龙. 论同意不是个人信息处理的正当性基础. 政治与法律, 2016 (1).

[91] 申卫星. 构建公权与私权平衡下的中国物权法. 当代法学, 2008 (4).

[92] 石丹. 大数据时代数据权属及其保护路径研究. 西安交通大学学报 (社会科学版), 2018, 38 (3).

[93] 苏今. 大数据时代信息集合上的财产性权利之赋权基础——以数据和信息在大数据生命周期中的 "关系化" 为出发点. 清华知识产权评论, 2017 (1).

[94] 唐慧俊. 论消费者个人信息权的法律保护——兼评我国新修订《消费者权益保护法》之相关规定. 消费经济, 2013, 29 (6).

［95］唐清利．公权与私权共治的法律机制．中国社会科学，2016（11）.

［96］王宝刚，张立先，马运全等．个人金融信息保护法律问题研究．金融理论与实践，2013（2）.

［97］王长征．个人金融信息保护立法研究．西部金融，2018（2）.

［98］王达．宏观审慎监管的大数据方法：背景、原理及美国的实践．国际金融研究，2015（9）.

［99］王军富，孙小顺，窦海波．基于金融消费者权益的个人征信信息保护机制探析——以 A 银行为例．征信，2018，36（7）.

［100］王利明．论个人信息权的法律保护——以个人信息权与隐私权的界分为中心．现代法学，2013，35（4）.

［101］王利明．论个人信息权在人格权法中的地位．苏州大学学报（哲学社会科学版），2012，33（6）.

［102］王利明．隐私权概念的再界定．法学家，2012（1）.

［103］王锐．云时代的消费者金融信息安全监管模式探讨——美国个人金融信息隐私权保护机制借鉴．金融与经济，2012（6）.

［104］王锐．云时代的消费者金融信息安全监管模式探讨——美国个人金融信息隐私权保护机制借鉴．浙江金融，2012（6）.

［105］王锡锌．个人信息国家保护义务及展开．中国法学，2021（1）.

［106］王雪乔．论欧盟 GDPR 中个人数据保护与"同意"细分．政法论丛，2019（4）.

［107］王远志．我国银行金融数据跨境流动的法律规制．金融监管研究，2020（1）.

［108］王忠，殷建立．大数据环境下个人数据隐私治理机制研究——基于利益相关者视角．技术经济与管理研究，2014（8）.

［109］温昱．个人数据权利体系论纲——兼论《芝麻服务协议》的权利空白．甘肃政法学院学报，2019（2）.

［110］文禹衡．数据确权的范式嬗变、概念选择与归属主体．东北师大学报（哲学社会科学版），2019（5）.

［111］吴沈括．数据治理的全球态势及中国应对策略．电子政务，2019（1）.

［112］吴伟光．大数据技术下个人数据信息私权保护论批判．政治与法律，2016（7）.

［113］吴晓灵．个人数据保护的制度安排．中国金融，2017（11）.

［114］吴旭莉．大数据时代的个人信用信息保护——以个人征信制度的完善为契机．厦门大学学报（哲学社会科学版），2019（1）.

［115］项定宜．个人信息的类型化分析及区分保护．重庆邮电大学学报（社会科学版），2017，29（1）.

［116］项卫星，傅立文．金融监管中的信息与激励——对现代金融监管理论发展的一个综述．国际金融研究，2005（4）.

［117］肖冬梅，文禹衡．法经济学视野下数据保护的规则适用与选择．法律科学（西北政法大学学报），2016，34（6）.

［118］肖冬梅，文禹衡．数据权谱系论纲．湘潭大学学报（哲学社会科学版），2015，39（6）.

［119］肖少启．个人信息法律保护路径分析．重庆大学学报（社会科学版），2013，19（4）.

［120］谢远扬．信息论视角下个人信息的价值——兼对隐私权保护模式的检讨．清华法学，2015，9（3）.

［121］谢宗晓，董坤祥，甄杰．信息安全管理系列之五十五　金融服务安全国际标准发展及其分析．中国质量与标准导报，2019（8）.

［122］邢会强．大数据时代个人金融信息的保护与利用．东方法学，2021（1）.

［123］邢会强．人脸识别的法律规制．比较法研究，2020（5）.

［124］徐玖玖．数据交易法律规制基本原则的构建：反思与进路．图书馆论坛，2021，41（2）.

［125］许多奇．个人数据跨境流动规制的国际格局及中国应对．法学论坛，2018，33（3）.

［126］许可，尹振涛．金融数据开放流通共享．中国金融，2019（4）.

［127］许可. 个人金融信息保护与数据协同：金融控股公司的选择. 银行家，2019（7）.

［128］许可. 数据权属：经济学与法学的双重视角. 电子知识产权，2018（11）.

［129］闫海. 论经济法的风险规制范式. 法学论坛，2016，31（1）.

［130］颜苏. 金融控股公司框架下数据共享的法律规制. 法学杂志，2019，40（2）.

［131］杨春福. 风险社会的法理解读. 法制与社会发展，2011，17（6）.

［132］杨东. 互联网金融的法律规制——基于信息工具的视角. 中国社会科学，2015（4）.

［133］杨东. 互联网金融风险规制路径. 中国法学，2015（3）.

［134］杨东. 区块链如何推动金融科技监管的变革. 人民论坛·学术前沿，2018（12）.

［135］杨帆. 金融监管中的数据共享机制研究. 金融监管研究，2019（10）.

［136］杨立新. 个人信息：法益抑或民事权利——对《民法总则》第111条规定的"个人信息"之解读. 法学论坛，2018，33（1）.

［137］杨松，郭金良. 第三方支付机构跨境电子支付服务监管的法律问题. 法学，2015（3）.

［138］杨松，张永亮. 金融科技监管的路径转换与中国选择. 法学，2017（8）.

［139］杨雪冬. 风险社会理论述评. 国家行政学院学报，2005（1）.

［140］袁康. 金融科技的技术风险及其法律治理. 法学评论，2021，39（1）.

［141］曾德昊，刘泽一. 互联网金融个人信息安全问题及其治理. 上海金融，2018（1）.

［142］张继红. 论我国金融消费者信息权保护的立法完善——基于大数据时代金融信息流动的负面风险分析. 法学论坛，2016，31（6）.

［143］张建文，高悦. 我国个人信息匿名化的法律标准与规则重塑.

河北法学，2020，38（1）.

[144] 张可法. 个人金融信息私法保护的困境与出路. 西北民族大学学报（哲学社会科学版），2019（2）.

[145] 张里安，韩旭至. 大数据时代下个人信息权的私法属性. 法学论坛，2016，31（3）.

[146] 张宁，袁勤俭. 数据治理研究述评. 情报杂志，2017，36（5）.

[147] 张涛. 欧盟个人数据匿名化治理：法律、技术与风险. 图书馆论坛，2019，39（12）.

[148] 张新宝. 从隐私到个人信息：利益再衡量的理论与制度安排. 中国法学，2015（3）.

[149] 张永亮. 金融监管科技之法制化路径. 法商研究，2019，36（3）.

[150] 张玉洁. 论人工智能时代的机器人权利及其风险规制. 东方法学，2017（6）.

[151] 赵宏. 从信息公开到信息保护：公法上信息权保护研究的风向流转与核心问题. 比较法研究，2017（2）.

[152] 赵吟. 开放银行模式下个人数据共享的法律规制. 现代法学，2020，42（3）.

[153] 郑大庆，黄丽华，张成洪等. 大数据治理的概念及其参考架构. 研究与发展管理，2017，29（4）.

[154] 郑启福. 金融消费者隐私权的法律保护研究. 西北大学学报（哲学社会科学版），2012，42（2）.

[155] 周汉华. 探索激励相容的个人数据治理之道——中国个人信息保护法的立法方向. 法学研究，2018，40（2）.

[156] 李媛. 大数据时代个人信息保护研究. 西南政法大学博士学位论文，2016.

[157] 刘新宇. 数据权利构建及其交易规则研究. 上海交通大学博士学位论文，2019.

[158] 任龙龙. 大数据时代的个人信息民法保护. 对外经济贸易大学博士学位论文，2017.

［159］史宇航．数据交易法律问题研究．上海交通大学博士学位论文，2017.

［160］王磊．个人数据商业化利用法律问题研究．中央财经大学博士学位论文，2019.

［161］王秀秀．个人数据权：社会利益视域下的法律保护模式．华东政法大学博士学位论文，2016.

［162］杨咏婕．个人信息的私法保护研究．吉林大学博士学位论文，2013.

［163］Alfedo S. Data Protection in EU Financial Services. ECRI Research Report No. 6，1 April 2004. Capital Goods Services Workers，2004.

［164］Bamberger K A，Mulligan D K. Privacy on the Books and on the Ground. Stanford Law Review，2011，63（2）.

［165］Barnard-Wills D. The Technology Foresight Activities of European Union Data Protection Authorities，2017.

［166］Bergelson V. It's Personal But Is It Mine? Toward Property Rights in Personal Information. Social Science Electronic Publishing，2005.

［167］Boyd D，Crawford K. Critical Questions for Big Data. Information，Communication & Society，2012，15（5）.

［168］Cohen J E. What Privacy Is For. Harvard Law Review，2012，126（7）.

［169］Helen Nissenbaum. Privacy as Contextual Integrity. Washington Law Review，2004.

［170］Ian W. Anonymising Personal Data. International Journal of Law and Information Technology，2002（2）.

［171］Kalapesi C. Unlocking the Value of Personal Data：From Collection to Usage. World Economic Forum-Industry Agenda，2013.

［172］Kierkegaard S，Waters N，Greenleaf G，et al. 30 Years on-The Review of the Council of Europe Data Protection Convention 108. Computer Law and Security Report，2011，27（3）.

[173] Kelly M J, Satola D. The Right to be Forgotten. University of Illinois law Review, 2017, 2017 (1).

[174] Nissenbaum H. Privacy As Contextual Integrity. Washington Law Review, 2004, 79 (1).

[175] Nissenbaum, Helen. Respecting Context to Protect Privacy: Why Meaning Matters. Science & Engineering Ethics, 2015.

[176] Norris R B D F. Regulating Privacy: Data Protection and Public Policy in Europe and the United States by Colin J. Bennett. The American Political Science Review, 1993, 87 (4).

[177] Pagallo U, Casanovas P, Madelin R. The Middle-out Approach: Assessing Models of Legal Governance in Data Protection, Artificial Intelligence, and the Web of Data. Theory and Practice of Legislation, 2019.

[178] Paul. M. Schwartz, Daniel. J. Solove, "The PII Problem: Privacy and a New Concept of Personally Identifiable Information". New York University Law Review, 2011, 86 (12).

[179] Redo, Miguel: The Key Figure to Ensure Data Protection and Accountability. European Data Protection Law Review (EDPL), 2017.

[180] Rosenbaum S. Data Governance and Stewardship: Designing Data Stewardship Entities and Advancing Data Access. Health Services Research, 2010, 45 (5Pt 2).

[181] Rubinstein I S. Big Data: The End of Privacy or a New Beginning?. Social Science Electronic Publishing, 2013, 3 (2).

[182] Schwartz P M. Property, Privacy, and Personal Data. Harvard Law Review, 2004, 117 (7).

[183] Schwartz, Paul, M. Privacy and Democracy in Cyberspace. Social Science Electronic Publishing, 1999, 52 (6).

[184] Selbst A D. Contextual Expectations of Privacy. SSRN Electronic Journal, 2012.

[185] Summary of Recommendations for Regulatory Reform: A Financial

System that Creates Economic Opportunities. 2018.

[186] The Right to Be Forgotten Across the Pond. Journal of Information Policy, 2013.

[187] Tikkinen-Piri, Christina, Rohunen, et al. EU General Data Protection Regulation: Changes and Implications for Personal Data Collecting Companies. Computer Law & Security Review: S0267364917301966.

[188] Voss W G, Houser K A. Personal Data and the GDPR: Providing a Competitive Advantage for U. S. Companies. American Business Law Journal, 2019, 56 (2).

[189] Zhu RBL. Privacy in Context: Technology, Policy, and the Integrity of Social Life. Stanford University Press, 2011, 7 (3).

[190] Itani W, Kayssi A I, Chehab A. Privacy as a Service: Privacy-Aware Data Storage and Processing in Cloud Computing Architectures//Eighth IEEE International Conference on Dependable, Autonomic and Secure Computing, DASC 2009, Chengdu, China, 12-14 December, 2009. IEEE, 2009.

[191] Vimercati S, Foresti S D C D, Samarati P. Managing and Accessing Data in the Cloud: Privacy Risks and Approaches//Risk and Security of Internet and Systems (CRISIS), 2012, 7th International Conference on. IEEE, 2012.

[192] Samarati P, Vimercati S D C D. Data Protection in Outsourcing Scenarios: Issues and Directions//International Symposium on ACM Symposium on Information, 2010.

[193] Paul L. The data protection officer profession, rules, and role. Boca Raton: Taylor & Francis Group, 2016.